이렇게 하니 운이 밀려들기 시작했습니다

정신과 의사가 발견한
운을 끌어담기는
19가지 절대법칙

이렇게 하니
운이 밀려들기
시작했습니다

와다 히데키 지음 | 황혜숙 옮김

HOW
TO ATTRACT
GOOD LUCK

센시오

사실 당신은 운이 좋은 사람이다!
다만 운을 지속시키는 방법을 모를 뿐

정신과 전문의로서 내가 만나는 수많은 사람은 대부분 자신이 불운하다고 생각한다. 간혹 행운이 찾아오더라도 자신의 것이 아니라고 말한다.

사실 우리는 모두 행운을 타고났다. 행운만 타고난 건 아니다. 단지 살아가는 동안 행운도 만나고 불운도 만날 뿐이다. 행운에는 자신의 의지로는 도저히 어쩔 수 없는 것이 있다. 복권에 당첨되는 일처럼 말이다. 하지만 인생에는 스스로 끌어당길 수 있는 행운, 즉 좋은 일도 많이 숨어 있다.

이 책은 스스로 끌어당길 수 있는 좋은 일에 주목했다. 내가 노력하면 얻을 수 있는 행운. 어딘가에 분명히 존재하는 행운을 지속시키는 19가지 절대법칙을 파헤쳐 보고자 한다.

운은 인생을 밝게도 만들고 어둡게도 만든다. 그 운이 사실 외부에서 우연히 찾아온 것이 아니라 스스로 찾고 스스로 선택한 것이라고 한다면, 지금까지 자신의 불운을 한탄만 하던 사람들은 스스로 소중한 무언가를 놓쳐온 것이라 할 수 있다.

내가 오랫동안 정신의학과 정신분석학을 공부하면서 깨달은 것이 있다. 그것은 인간의 행복과 불행, 행운과 불운이 지극히 주관적이라는 사실이다. 뒤집어 말하자면 객관적인 행복과 불행은 없다는 말이다.

보통 자신이 재수가 좋다든지 행운아라고 생각하는 사람은 어떤 일에 도전할 때 주저함이 없다. 그래서 새로운 사람을 만날 기회나 비즈니스의 기회를 얻어 성공할 가능성이 높다. 선순환이 일어나는 것이다. 좋아질 거라 믿으면 좋아지는 '플라세보 효과Placebo Effect'처럼 행운이 올 거라 믿으면 정말로 행운이 찾아온다.

반대로 스스로 운이 없다고 생각하는 사람은 소극적이라

서 성공할 기회를 잡을 가능성도 줄어든다. 성공할 확률이 10 퍼센트인 사람이라도 백 번 시도하면 열 번은 성공할 수 있다. 반면에 성공할 확률이 50퍼센트인 사람이 두 번밖에 시도하지 않으면 한 번밖에 성공하지 못하며, 한 번도 시도하지 않으면 절대 성공할 수 없다. 실패에 대한 걱정이 많을수록 실패할 확률이 높아지는 '월렌다 효과Wallenda Effect'처럼 불행하다고 믿으면 불행이 지속된다.

나는 40대 중반까지 스스로를 운이 없는 사람이라고 믿어왔다. 그러나 나 자신이 운이 좋은 사람이라고 믿게 된 후로, 새로운 만남이 더 많아졌고, 새로운 일에 도전할 일도 늘었다. 그 덕분에 나는 정말 운이 좋다고 생각이 바뀌었고 실제로도 여러 분야에서 나름대로 성공을 거두고 있다. 그래서 내 인생에는 좋은 일이 많고 운도 좋다고 실감하고 있다.

이 책에서 어떻게 해야 불운을 보내고 행운을 맞이할 수 있는지, 행운을 맞이한다면 잠깐의 행운으로 끝나는 것이 아니라 그 운을 지속시키기 위해 어떻게 생각하고 움직여야 하는지, 개인적인 경험과 정신과 전문의의 관점을 더해 실용적으로 정리했다.

　당신은 정말 운이 좋은 사람이다. 이 책을 통해 행운을 지속
시켜서 지금보다 더욱 행복한 삶을 살길 바란다.

• 차례 •

1장

이렇게하면운은
반드시당신을찾아온다

4장

쓰면쓸수록불어나는
금전운잡기

5장

불안을이겨내고운을
지속시키는19가지절대법칙

좋아질 거라 믿으면 좋아지는
'플라세보 효과'처럼
행운이 올 거라 믿으면 정말로 행운이 찾아온다.

1장

이렇게 하면
운은 반드시
당신을 찾아온다

1

운이 좋은 사람은
바로 이런 사람이다

당신 앞에 A와 B라는 사람이 있다고 가정하자. A는 다른 사람의 장점을 솔직히 인정하고 칭찬하는 사람이고 B는 다른 사람의 단점만 들추어내서 험담만 하는 사람이다. 이 두 사람 중에 누구의 운이 더 강할까?

아마 당신은 "(굳이 고르자면) A 쪽이지."라고 대답할 것이다. 그 이유는 무엇일까?

"왠지 모르게 그런 생각이 든다."라고 막연하게 대답하는 사람이 대부분이다. 일부의 사람들이 예를 들면, "사람들은 남을 칭찬하는 사람을 더 좋아하기 때문에 기회를 많이 가질 거 같아요."라는 식으로 대답하곤 한다. 전혀 근거 없는 대답은 아니다.

하지만 사실인지 아닌지는 정확히 알 수 없다. 이 두 사람이 동시에 복권을 산다고 해도 1억 원에 당첨되는 사람이 B일 수도 있다. 만약 운전 중에 교통사고를 당하는 사람이 있다면 A일지도 모른다. 운이라는 것은 그런 의미에서 전혀 예측할 수 없으며 누구에게나 공평하다.

그러나 A처럼 '이 사람은 운이 좋을 것 같다'라는 생각이 드는 사람이 있다. '기회가 많이 주어지는 사람', '모두가 도와주는 사람', '슬럼프에 강한 사람', '자신의 꿈을 실현할 수 있는 사람' 등등 모든 것이 좋은 방향으로 움직이는 사람에게는 공통된 이미지가 있다. 이런 경우 운은 스스로 쟁취하는 것이 아닐까?

복권이나 사고와 관련된 운은 우리가 통제할 수 없지만 어떤 운은 삶의 태도나 사고방식에 따라 스스로 획득할 수 있다. 적어도 운을 잡을 확률은 높일 수 있다. '운이 강한 사람'이라는 것은 결국 '운을 잡을 능력이 있는 사람'이다. 그런 사람에게 공통분모가 있다면 이해하기 쉬울 것이다.

운이 좋은 사람, 무언가를 타고난 사람을 가까이하고, 나아가 그 사람의 삶의 방식이나 사고방식을 수용해 보자. 뒤에서 자세히 이야기하겠지만, 운이 좋은 사람은 남들과는 다르다. 먼저 주변에 운이 좋은 사람이 있는지 살펴보자. 그런 다음 그 사람을 유심히 관찰해 보자.

2

운이 있는 사람처럼
보이는 것이 중요하다

'타고났다'는 말이 있다. 스포츠 세계에서 자주 쓰는 표현인데 직장에서도 '그 사람은 뭔가를 타고났어'라고 할 때가 있다. 타고난 사람들은 어려운 상황이나 기회 앞에서 왠지 주변의 주목을 받는데 이들은 그 기대에 훌륭하게 부응하곤 한다. 그래서 '저 사람은 역시 타고났어'라며 감탄하게 된다. 그때의 '타고난다'는 운의 강함이다.

하지만 주변의 기대 역시 중요하다. "저 녀석이라면 뭔가 해결해 줄 거야."라거나 "지금은 저 사람의 운에 승부를 걸어보자." 같은 주변의 기대감이 있기 때문에 바로 이때다 싶을 때 운을 타고난 사람에게 기회가 돌아갈 때가 많다.

더구나 신기하게도 우리에게는 기적적인 이미지가 기억에 남는다. 야구로 치면 대타의 역전 만루 홈런처럼 기적은 동료나 감독, 팬들에게 강한 인상을 남긴다. 하지만 같은 장소와 장면에서 아웃당한다 해도 "에이, 아쉽네. 그래도……." 하고 끝날 때도 있다.

즉 운을 타고난 사람은 항상 운이 좋은 것이 아니라, 주변의 기대감이 크기 때문에 그만큼 기회도 찾아오고 때때로 그 기회가 결실을 보는 것뿐이다. 성공률로 말하면 20퍼센트나 30퍼센트에 지나지 않을지도 모르지만, 그것이 인상에 매우 화려하게 남기 때문에 '저 사람은 역시 운이 좋아.'라는 생각이 드는 것이다.

이런 것은 불공평하다면 불공평한 상황이다. '타고난 사람' 등 뒤에서 '나도 기회만 있으면…….'이라고 속상해 하는 사람이 있기 때문이다.

'저 사람이 잘나서가 아니라 그저 좋은 기회가 주어졌을 뿐이야.'라고 시기하는 사람도 있을 것이다. 대부분의 사람이 자신에게 유리한 쪽으로 생각한다. 항상 좋은 쪽으로 스스로를 대한다. 성공하면 자신의 실력 덕분이고, 실패하거나 잘못되면 남 탓이나 세상의 룰이 잘못되었다고 한다. 자신에게 유리하게 사고하는 방식으로, 이런 '이기적 편향Self-serving bias'은 되도록 피해야 할 심리다.

사실 운에는 이러한 불공평함도 포함되어 있다. 운 그 자체는 공평해도 그것을 잡는 기회는 결코 공평하지 않다. 그러므로 운이 좋아 보인다는 것만으로도 행운이라고 할 수 있다. 그 사람에 대한 기대감이 자연스럽게 기회를 불러오기 때문이다.

자신을 믿는 사람만이 행운을 잡을 수 있다

지금 당신은 아마도 자신이 운이 좋은지 나쁜지 잘 모를 것이다. '나는 운이 좋다고 생각될 때도 있고 나쁘다는 생각이 들 때도 있다.', '운이 좋고 나쁨은 시간이 지나야 알 수 있기 때문에 지금 당장 어떻게 할 수 있는 것이 아니다.' 결국 운은 주사위 같은 것이라서 던져보지 않으면 알 수 없고, 좋을 때도 나쁠 때도 있다.

하지만 그런 당신도 '요즘 좀 재수가 좋은데…….'라든지 '운이 들어왔나?' 하고 느낄 때가 있을 것이다. 직장에서나 인간관계에서 혹은 돈의 회전이 잘 된다든지 복권운이 좋다든지, 뜻밖에 좋은 결과가 나서 기분이 좋아질 때 말이다. 그럴 때는 왠지 모르게 자신감이 솟아난다.

'그냥 운이 좋았을 뿐이니 어차피 상황이 또 나빠질 거야.'라고 생각하지 않고, '이럴 때일수록 조금 적극적으로 움직여 볼까?'라는 생각이 든다.

'괜찮아, 지금의 나라면 틀림없이 잘 될 거야!'라고 스스로를 격려할 수도 있다. 좋은 운이 계기가 되었을지라도 자신의 힘을 믿게 하는 마음이 생겨난다. 즉, '그냥 운이 아니야. 나에게도 그 정도 능력은 있어' 하는 마음가짐이다.

물론 (찬물을 끼얹는 것 같지만) 적극적으로 덤벼들었다가 실패하는 경우도 있다. 또 지나친 자신감에 빠져 주변 사람들의 반감을 사기도 한다. 그러고 나면 갑자기 자신감이 움츠러든다. '역시 나는 운이 없어'라고 좌절하고, 또다시 자신감 없는 모습으로 돌아오는 것이다.

여기서 절대로 잊지 말았으면 하는 것이 있다. 설령 운이 좋았을 뿐이었대도 그때 생겨난 자신감과 성취감, 희망은 잊지 말자. 이것은 '지금 이대로의 나도 괜찮다'는 긍정적인 인생관이다. 이는 매우 기분 좋은 경험이며 또한 자신의 것이므로 스스로를 100퍼센트 믿을 수 있게 된다. 이 자신감이 굉장히 중요하다.

운은 자신을 믿는 사람이 아니면 따르지 않기 때문이다. 결국 운이 강한 사람은 운을 믿는 사람이 아니라 자신을 믿는 사람인 셈이다.

사소한 차이가 운을 결정한다

어떤 사건을 행운이라 받아들일지 불행이라 여길지는 마음먹기에 달렸다. 가령 흔히 있을 수 있는 사소한 실수로 상사에게 야단을 맞았다고 하자.

'왜 하필 나만?'이라고 생각하면 불행해지지만, '하긴 요즘 좀 나태했었어.'라고 생각하면 행운이 된다. '이 정도로 끝나서 다행이다.' 하고 받아들일 수 있다.

이런 비슷한 예는 얼마든지 있다. 뭔가 타격을 입었을 때 '모처럼 잘 되고 있었는데…….'라고 속상해하는 사람과 '이 정도로 끝나서 다행이야.'라고 생각하는 사람은 자신의 운에 대한 자세가 많이 다르다.

실은 그 차이가 그 사람의 운을 결정한다. 왜냐하면 일어난 사건은 같아도 그것을 불행이라고 받아들이면 그 후로도 나쁜 일이 기다리고 있는 것처럼 여겨지고, 행운이라고 생각하면 그 후로는 틀림없이 좋아지리라 생각할 수 있기 때문이다. 나쁜 일이 기다리고 있다고 생각하면 아무래도 소극적으로 되지만, 좋은 일이 기다리고 있다고 생각하면 스스로 움직여서 좋은 일은 잡으려고 한다. 운 그 자체는 공평해도, 운이 좋은지 나쁜지는 그 사람의 마음가짐에 달렸다.

그렇다면 '나는 운이 좋아', '나는 재수가 있어'라고 생각하는 편이 행운을 잡을 기회가 많다는 얘기다. 만일 불행을 잡았다고 해도 자신이 선택한 행동의 결과이므로 포기할 수 있다.

세계적인 정신과 의사인 칼 융Carl Gustav Jung은 "무의식이 정하는 삶의 방향이 운명이다."라고 말했다. '운명'이란 인간이 가진 무의식적인 사고 패턴을 의미한다고 할 수 있다. 내가 하는 생각, 내가 하는 말, 내가 하는 행동이 다시 나한테 돌아온다는 것이다. 우리의 삶은 의식적이건 무의식적이건 자신이 원하는 대로 살게 되고, 꿈꾸는 대로 이루어진다.

내가 하는 생각, 내가 하는 말, 내가 하는 행동이 다시 나한테 돌아온
다는 것이다. 우리의 삶은 의식적이건 무의식적이건 자신이 원하는
대로 살게 되고, 꿈꾸는 대로 이루어진다.

3
자신이 소유한
운을 깨달을 때

나는 계속 스스로를 운이 없는 사람이라고 생각했다. 물론 시
험공부처럼 뭔가 방법을 연구하거나, 실력만 쌓으면 성취할
수 있는 것에는 강했지만 이렇다 할 만한 재능이 없었고 윗사
람들에게도 인정받지 못해서 불만이 많았다.

시험공부에 관한 책이 팔린 것도 결코 행운이라고는 할 수
없다. 그 덕분에 '와다는 시험 전문'이라는 이미지가 생겨 일
반 서적이나 심리학책은 집필할 기회조차 얻지 못했기 때문
이다. 3년간의 미국 유학을 마치고 돌아올 때까지 정말 쓰고

싶은 책은 쓸 수 없었다.

그 당시 내가 보기에는 정신의학이나 정신분석 분야에서 이렇다 할 만한 연구업적도 없는데도 심리학 붐에 편승해서 차례차례로 저서를 출간하는 등 잘 나가는 사람이 있었다. 그런 사람에 비해 나는 정말 불운한 것 같았다.

시험공부 관련 사업은 그럭저럭 성공했지만 같은 시기에 창업한 동업자가 상장하거나 큰 재력가가 되는 것을 보면서 나는 실력에 비해 운이 없다고 믿고 있었다.

영화도 마찬가지다. 학창 시절에 찍은 영화는 모두 실패로 끝났고, 그 후로는 찍을 기회가 없었다. 내가 가장 하고 싶은 일을 하지 못하고 있다는 사실에 방황했던 때도 있었다. 아무튼 내가 몸담고 있던 모든 분야에서 나는 참 운이 없는 사람이라는 생각이 계속 들었다.

하지만 지금은 정반대다. 오히려 나는 운이 좋은 사람이 아닐까 생각한다. 이렇게 된 가장 큰 이유는 다시 영화를 찍기 시작했다는 것. 그리고 그리 큰 상은 아니지만 해외 영화제에서 그랑프리도 받았다. 재능이라기보다 운이라고 생각이 들었다.

영화를 찍을 때는 그야말로 무아지경에 빠진다. 어떤 작품이 될지는 스스로도 모를 때가 많고 불안하기도 하다. 그러나 편집하다 보면 의외로 좋은 작품으로 완성되는 경우가 많았다. 그럴 때는 행운의 여신이 내 편이 되어준 것 같은 생각이 들었다. 수많은 컷 중에는 '실패했나?', '이 부분은 쓰지 못하겠네.'라고 생각했는데 막상 편집해 보면 '나쁘지 않은데?' 하고 놀랄 때가 있다.

행운과 불운은 생각하기 나름

살면서 이따금 생긴 불만 때문에 나는 운이 없는 사람이라고 믿어왔지만, 시간이 흘러 다시 생각해 보니 나는 운이 좋은 사람이라는 생각이 들었다.

영화만 해도 내가 마음만 먹으면 앞으로도 얼마든지 찍을 수 있다. 마흔일곱의 나이에 처음으로 영화를 찍었을 때 '데뷔는 늦어도 괜찮아. 언제까지 계속할 수 있을지가 문제지.'라고 생각했다. 감독이 되기 전에 여러 경험을 할 수 있었던 게 운이 좋았던 것이라고 느껴졌다. 그런 생각이 들자 갑자기 나는 운이 좋은 사람이 아닐까 하는 생각이 들었다.

내 실력 이상의 대학에 들어갈 수 있었던 것도 명문대 진학률 1위인 나다고등학교에서 공부했던 덕이다. 거기에서 여러 가지 시험에 대비한 테크닉을 터득했기 때문이다. 학생 때는 공부도 제대로 하지 않았던 내가 의사가 되어 노년 정신의학 분야에서 존경할 만한 선생님을 만날 수 있었던 것도 행운이었다.

더구나 이 분야에서는 별로 경쟁상대가 없기 때문에 얼마 되지 않아 내가 최고 권위자가 되었다. 이 또한 행운이 아니고 무엇이겠는가?

40대 중반에는 국제 의료복지대학의 이사장의 눈에 들어 교수가 되었다. 나는 운이 좋은 사람이라고 생각하기 시작하자, 지금까지 인생의 모든 것이 실력이라기보다 운이 아니었나 하는 생각이 들었다. 그러자 도전정신이 불타올랐다. 자신이 운이 좋다는 생각이 들면 여러 가지에 도전할 용기도 솟아난다. 실패할 가능성이 있어도 '해보지 않으면 모르지.'라고 스스로를 격려하면서 말이다.

살아 있는 한 운은
당신을 기다리고 있다

운이 좋아지는 데는 중요한 사고방식이 한 가지 더 있다. 누구에게나 불운이 찾아온다는 사실을 아는 것이다. 이 또한 공평한 일이다.

그러나 그 불운 한 방에 넘어지고 마는 사람과 다시 일어서는 사람이 있다. "나는 운이 없어." 하고 포기하고 그대로 불운의 늪에 깊이 빠지는 사람도 있고, "이런 가운데서도 할 수 있는 일이 있어!"라며 불운 속에서도 무언가를 잡으려는 사람도 있다.

예를 들어, 입시에 실패해서 원하는 대학에 진학할 수 없게 되었을 때, '어차피 운이 없으니까 들어갈 수 있는 곳에 들어가면 돼.'라고 생각하는 수험생은 어떤 대학에 들어가도 공부할 마음이 들지 않는다.

그러나 '원하는 대학에는 떨어졌지만, 이 대학에도 좋은 교수님이 있고 재미있는 학생도 있을 거야. 뭐든지 많이 배워야지.'라고 생각하는 학생은 유익한 4년을 보낼 수 있다. 그 시점에서 불운은 흔적도 없이 사라진다.

즉, 어떤 불운에 직면해도 거기에서 무언가를 배우거나 넘어져도 빈손으로 일어나지 않는다는 마음가짐이 있으면 불운을 '좋은 일'로 바꿀 수 있다. 절대 그런 자세를 잊지 말기 바란다. 모든 불운은 결코 장래를 암시하는 것이 아니다. 단지 일회성 사건에 지나지 않는다.

따라서 살아 있는 한, 진짜 불운 따위 존재하지 않는다는 사실을 명심하자. 아무리 큰 불운을 만났다 해도 그 뒤에는 아직 행운이 남아 있고, 그 행운을 스스로 잡을 수 있기 때문이다. 불운을 계기로 좋은 일도 얼마든지 잡을 수 있다.

신념이 확고한 사람이 행운을 잡는다

나는 이 책에서 좋은 일이나 행운을 잡기 위한 사고방식을 최대한 간결하게 소개하려고 한다. 전부 다 특별하거나 어려운 사고방식이 아니고, 극히 평범하고 건전한 사고방식이다.

우리는 이런 평범하고 건전한 사고방식을 종종 잊어버리거나 저버릴 때가 많다. 예를 들어 잘 안 풀리는 일이 계속되면 '어차피 뭘 해도 안 돼!'라고 생각해서 쉽게 포기해버린 적이 있을 것이다. '뭘 해도 안 된다.'라는 것은 현실적으로 있을 수 없다. 무언가를 하면 반드시 결과가 나타나고 많은 일을 하면 그중 몇 개는 잘 풀리고, 한 가지를 꾸준히 하는 것만으로도 결실을 맺기도 한다.

몸길이 2~4밀리미터인 곤충, 벼룩은 강한 뒷다리로 자신의 몸보다 굉장히 높이 뛸 수 있다. 벼룩이 한 번에 뛰어오르는 높이가 최대 20센티미터, 거리는 35센티미터나 도약한 기록이 있다. 인간으로 치면 100층 높이의 건물을 훌쩍 뛰어오르는 것과 같다.

벼룩의 한계를 실험한 일화가 유명하다. 벼룩을 캔에 넣어 놓고 투명한 뚜껑으로 닫았다고 한다. 충분히 벼룩이 뛰어오를 수 있었지만, 뛸 때마다 투명한 뚜껑에 부딪혔다. 시간이

흐른 뒤에 뚜껑을 치웠지만 벼룩은 더 이상 뛰지 않았다고 한다. 스스로 자신의 한계를 설정했기 때문이다. 이것을 '벼룩 효과'라고 한다.

사실 우리에게는 엄청난 행운이 기다리고 있는데, 벼룩 효과처럼 한두 번의 실패에 갇혀 스스로의 한계를 만들어버린 건 아닌지 생각해 보자. 우리 스스로 한계를 만드는 그 순간 모든 행운은 나에게서 멀어져 간다.

즉 운이 강한 사람은 특별한 사고방식이나 방책을 가진 사람이 아니라, 평범하고 건전한 사고방식을 꿋꿋이 지키는 사람이다. 말하자면 신념이 확고한 사람이다. 문제는 행운이다. 아무리 신념이 확고한 사람일지라도 늘 행운을 잡을 수 있는 것은 아니다.

하지만 그런 사람이 한 번 행운을 잡으면 그 운이 오래간다. 선순환이 작용해서 운이 오히려 더 강해질 수도 있다. 평범해도 건전한 사고방식을 계속 지키는 사람은 운을 잡으면 지금까지 자신의 사고방식이나 삶의 방식이 가지고 온 것이라고 믿기 때문이다. 이는 자신을 인정하는 자세다. 이미 충분히 운이 강한 사람인 셈이다. 당신도 이 책을 통해 그런 사람에게 가까이 가기 위한 길을 찾기 바란다.

행운은 있다, 행운을 믿으면
정말로 행운이 찾아온다

_ 플라세보 효과Placebo Effect

인간의 잠재의식에 관련해 이야기하려면 세계적으로 유명한 오스트리아의 정신분석학자인 지그문트 프로이트Sigmund Freud를 빼놓고 말할 수 없다. 프로이트의 '정신분석학'에서 잠재의식은 우리의 의식 아래 존재하는 일종의 감춰져 있는 신비한 힘이라고 정의했다. 이것은 의식과는 상대적인 것으로 의식과 잠재의식은 상호작용을 하며 의식이 잠재의식을 통제해 서로 영향을 끼친다고 한다. 좀 더 쉽게 말하면 잠재의식은 큰 힘이 있어서 기적을 만들어 낼 수 있다고 한다.

어느 의학 실험에서 과학자들이 어떤 환자의 통증을 지속해서 억제하기 위해 마약류의 일종인 모르핀을 사용했다. 그런데 실험 마지막 날 모르핀 대신 생리식염수를 환자 몰래 사용했다고 한다. 하지만 환자는 모르핀을 처방받은 여느 날처럼 통증을 느끼지 않는다고 했다. 실제로는 아무 치료 효과가 없었지만 모르핀과 같은 효능을 발휘했다. 이 같은 현상을 바로 '플라세보 효과'라고 하며, 또는 '위안제 효과'라고도 불린다.

플라세보 효과는 환자가 아무런 효과가 없는 치료를 받더라도 치료 효과를 기대하거나 믿으면 병의 증상이 완화되는 현상을 말한다. 플라세보 효과 역시 일종의 잠재 의식적 자기 암시로 볼 수 있다.

심리학에서 '암시'는 간접적인 방법으로 사람의 심리 상태에 신속히 영향을 미치고 자신도 모르는 사이에 큰 영향을 받는다는 것이다. 이러한 암시는 일상생활에서 자주 접할 수 있는 현상이다.

갑자기 상사가 급하다며 일을 주었을 때 당신은 어떻게 생각하는 편인가? '아, 어쩌지? 내가 못할 거 같은데…….' 하고 생각하면서 실수만 없게 일하자 하는 마음으로 억지로 일하지 않았던가. 어떤 일에 부딪혔을 때 결국 스스로에게 '나는 할 수 없어. 안 될 거야.'라고 암시를 주기 때문에 결국 그 일에 실패하게 된다.

플라세보 효과로 잠재의식의 거대한 힘을 우리는 충분히 알고 있다. 행운을 믿으면 행운은 나에게 다가올 것이다. '행운은 있다. 나에게 행운이 올 것이다.' 하고 믿으며 적극적인 암시를 주도록 하자.

"나는 어떤 일이든 해낼 수 있다. 나에게는 행운이 있거든."이라고 말해 보자. 더 큰 행운이 매일매일 다가오는 기적을 경험해 보자.

본질적으로 인간의 감정과 관념은 어느 정도
타인의 영향을 받는다. 사람들은 자신도 모르게
자신이 좋아하고, 믿고 따르는 사람의 영향을 받는다.

2장

만나는 사람마다
운이 모이는
관계의 기술

1

대인관계가 좋은 **사람들의** 3가지 공통점

내가 정신의학을 배운 것은 행운이었다. 자신을 운이 나쁘다고 생각하면 정신건강에 좋을 리 없기 때문이다. 비관적인 사고방식밖에 가질 수 없다. 무엇을 하든 '어차피 잘 안 될 거야.'라든지, '모두가 잘 되어도 나는 실패할 거야.'라는 식으로 처음부터 자신 없는 상태로 반쯤 포기하고 만다.

대인관계도 마찬가지라서 자신이 운이 나쁘다고 생각하는 사람은 새로운 만남에도 소극적이다. 누군가를 좋아하거나 호감을 느껴도 잘 안 될 거라는 생각에 선뜻 다가가지 못한다.

순조롭게 진행되어도 '언젠가는 끝날 거야.', '틀림없이 잘 안될 거야.'라는 생각이 들어 기분이 좋지 않고 모든 일에 우울하기만 하다.

하지만 비관적인 사고방식이 얼마나 정신건강을 해치는지는 당신도 잘 알 것이다. 지금까지 정신과 전문의로서 마음의 병을 가진 수많은 환자를 대해왔지만, 환자들의 공통점은 '자신은 운이 나쁘다.'라고 믿는다는 것이다.

'과거에 좋은 일은 하나도 없었어. 그래서 앞으로도 좋은 일 따위 있을 리 없어.', '병이 아직 완치되지 않았어. 이대로 치료를 계속해도 건강이 좋아지지는 않을 거야.' 이런 사고방식을 가진 사람이 많다.

물론 나는 정신과 전문의로서 환자의 이야기에 귀를 기울이면서 조금씩 사물을 받아들이는 방식이나 사고방식, 인지 방법을 바꾸도록 종용한다. 예를 들면 지금까지 살면서 좋은 일이 하나도 없었다는 사람에게는 "하지만 이런 적은 없었습니까?", "저런 기억은 없습니까?"라고 물으면서 그 사람이 가지고 있는 '지금까지 좋은 일이 하나도 없었다'는 편견을 없애고자 노력한다. 이런 질문을 들으면 대부분의 환자는 한두 가지 행복한 추억을 되새긴다. 그것만으로도 '나는 운이 나쁘다'

는 착각에서 벗어나는 계기를 마련할 수 있다.

누구에게나 좋은 일은 반드시 있다는 사실을 기억하기 바란다.

적극적인 인간관계가 중요한 이유

먼저 운이 강한 사람은 인간관계에서도 적극적이다. 이 역시 신중한 사람이 볼 때는 여간 위태로워 보이는 게 아니다.

'저 사람은 모르는 사람을 별로 경계하지 않아. 처음 만난 사람에게도 흥미를 보이고 만남을 이어가는데 그래도 지금까지 사람에게 다친 적은 없으니 운이 어지간히 강한가 보네.'

그런 이미지를 가지고 있다. 그러나 정말 그럴까? 어쩌면 남에게 속고, 배신당하고, 몇 번이나 힘든 일을 당했는지도 모른다. 하지만 그 이상으로 행운의 만남을 여러 번 경험했다면 역시 운을 잘 잡는 사람이라고 할 수 있다.

대인관계에 신중한 사람은 약간의 불안에도 예민하다. '저 사람은 듣기 좋은 얘기만 하니 영 믿을 수가 없어.'라고 느끼면 '어설프게 초대에 응하면 속아 넘어갈 수 있어.', '아무리 좋은 이야기라도 신용하기 어려워.'라는 생각이 든다. 그러면 가까이하지 않는 것이 제일 안전하니 상대방이 말을 걸어도 상대하지 않게 된다.

두 번째로 운이 강한 사람은 조금 불안해도 신경 쓰지 않는다. '사내 평판은 별로 좋지 않지만, 그에게는 행동력이 있다. 그래서 어려운 부탁도 들어준다.' 말하자면 단점보다는 장점을 보려고 한다는 것이다. 이것이 바로 운이 강한 사람의 세 가지 공통점이다.

사람은 자신을 높이 평가해 주는 사람, 장점을 인정해 주는 사람에게는 성실히 대하므로 서로의 장점을 인정해 주는 인간관계는 긍정적인 효과를 낳는다. 친한 사이에는 장단점도 서로 알고 교제하기 때문에 때로는 감정적으로 되기 쉽지만, 서로의 장점만 보고 하는 교제는 건조한 것 같아도 오래 지속되는 경우가 많다.

대인관계에 신중한 사람은 어떨까? 결국 주위에 마음이 통하는 사람, 안심하고 교제할 수 있는 사람만 남게 된다. 하지만 그런 끈끈한 인간관계가 지금까지 어떤 행운을 불러온 적이 있던가? 타인에 대한 과잉방어는 결국 행운조차 다가오지 못하게 할 때가 많다.

2

왠지 도와주고 싶은 사람이 되는 법

나는 자신을 쭉 운이 나쁜 사람이라고 계속 생각하다가, 어느 시점부터 바뀌었다. 그때까지는 운이 나쁘다고 생각했는데 '그렇지 않아. 나는 의외로 운이 좋은 사람이야.'라고 생각하게 되었다는 말이다.

내가 정반대로 받아들일 수 있게 된 이유는 바로 '자기 개조'를 했기 때문이다. 자기 개조라고 하면 거창하지만, 적어도 어느 시기부터 나는 성격도 원만해졌고, 겸손해졌다. 대학생 시절까지만 해도 다른 사람을 무시하는 경향이 있어서 남의 말은 듣지 않았고, 심한 말도 아무렇지도 않게 내뱉곤 했다.

아마도 정신과 전문의가 되어서 환자와 접하거나 정신분석을 배운 것이 내가 바뀌게 된 계기인 것 같다. 예를 들면 인간이 기본적으로 빠지기 쉬운 인지패턴이나 감정조절의 중요함을 깨닫고, 사물을 받아들이는 방식이나 사고방식도 유연해졌다.

미국 유학 시절에는 정신분석을 받기 위해 환자가 된 적이 있었다. 그때 남이 내 이야기를 들어주는 것의 소중함을 깨달았고, 그로 인해 나 자신도 남의 이야기에 귀 기울이게 되었다. 또한 현대 정신분석학을 배움으로써 '남에게 의지하는 것은 나쁜 것이 아니'라는 인생관을 가질 수 있었다.

그런 일이 조금씩 쌓이면서 많은 것을 깨달았다. 내 주변을 둘러보아도 일이 잘 풀리는 사람, 연구나 논문에서 착실히 성과를 내고 있는 사람, 후배나 학생 혹은 동기들이 따르고, 존경하는 사람은 상대가 어떤 사람이든 매우 정중하게 대하고 겸손하다는 사실이었다.

잘난 척을 하거나 주변의 반감을 사서, 위기의 순간에 아무도 구해주지 않는 사람도 보았다. 누구에게나 친절한 사람은 위기에 처했을 때 모두가 힘을 모아 그 사람을 구해준다. 그런 모습을 보고 '아, 대인관계운이란 이런 것이구나.' 하고 깨달았다.

비슷한 실력과 비슷한 커리어를 가지고 있어도 겸손한 사람일수록 주변 사람들이 좋아하고, 이해하고 도와주려는 사람이 많다. 그렇기에 자신의 실력을 유감없이 계속해서 발휘할 수 있다.

운 중에는 스스로 잡을 수 없는 것이 있다고 했는데, 주위에서 도와주는 사람은 고립된 사람보다 훨씬 운을 잡을 기회가 많다.

운은 주변에서 열어주게 만들자!

내가 깨달은 것 중 한 가지가 더 있다. 운이 강한 사람은 조금도 필사적이지 않다는 것이다. 이 경우의 '운'은 '능력'이라든지 '실력'이라고 칭할 수 있다. 아무리 능력이나 실력이 있어도 그것을 발휘할 수 없는 사람, 인정받지 못하는 사람도 있기 때문에 성공한 사람은 역시 운도 강하다.

운은 힘으로 획득한다든지, 남들과 치열한 경쟁을 했다든지, 그렇게 필사적으로 노력한 결과는 아니라는 생각이 든다. 물론 열심히 노력해서 성공한 사람도 있겠지만, 최소한 내가 알고 있는 사람 중에는 없다. 이들은 정보를 아낌없이 나눠주고, 자신이 모르는 것이나 못하는 것은 남에게 배우거나 도움을 받는 등 사람들과의 관계 속에서 운을 잡으려고 한다.

경영학에서도 종종 거론되는데 강한 조직에는 여러 가지 지식, 여러 분야의 정보에 통달한 사람이 모여 있다는 것이다. 예를 들면 열 명의 사람이 모여 있을 때 그들 모두가 같은 분야의 전문가라면 경쟁이 생길 수도 있다. 특히 그들 중 한 명이 대처할 수 없는 사태는 조직으로서도 해결할 수 없다.

하지만 열 명이 각자 다른 분야의 전문가라면 경쟁이 발생하기보다는, 어떤 사태에도 잘 대처할 수 있다고 한다. 자기가 대처할 수 없는 일은 다른 아홉 사람의 힘을 빌리면 되기 때문이다.

이는 한 사람이 열 배의 힘을 발휘할 수 있다는 뜻이다. 기업에서 말하자면 종합상사 같은 회사다. '모르는 것은 A 부서의 B 씨에게 물어보면 된다.'라는 사고방식이 당연한 조직이라면 회사의 사원들 대부분 기회가 생겼을 때 그 기회를 살리려고 한다. 자신의 일과 직접적으로 연관이 없는 정보라도 '조금 재미있을 것 같은데 C 씨에게 말해두자.'라는 식의 연결고리가 여러 곳에서 네트워크를 형성해 행운을 가져다준다.

따라서 운이 강한 사람은 주위 사람들과 부드럽고 자유로운 인간관계를 만든다. 정보를 아끼거나 다른 사람을 앞지르려는 편협한 생각을 하지 않는다.

만남에 적극적인 사람이 행운을 부른다

흔히 '만남은 운'이라고들 한다. 세상에는 정말 많은 사람이 있는데 우리가 평생을 통해 만날 수 있는 사람은 극히 일부에 지나지 않는다. 그것이 자신에게 좋은 만남이 될지, 나쁜 만남이 될지 만나보기 전까지는 모르기 때문에 그야말로 운이다.

하지만 만남을 스스로 만들어 낼 수는 있다. 만나고 싶은 사람을 만나거나 공부 모임, 관심 있는 분야의 동호회에 나가 친구를 찾거나, 가르쳐 줄 사람을 찾아도 된다.

우연한 만남만 기다리지 말고, 스스로 필연적인 만남을 찾아보면 어떨까? 한 걸음 더 나아가 모처럼의 인연을 잘 살리는 사람도 있고 그렇지 못한 사람이 있다. 살리지 못하는 사람은 멋있고, 재미있을 것 같은 사람과 만나도 상대방이 먼저 다가오지 않는 한, 스스로 다가가려고 하지 않는다. 어디까지나 상대방과 운에 맡긴다.

그러나 소중한 만남을 잘 살릴 수 있는 사람은 다르다. 스스로 상대방에게 다가간다. 가령 우연한 만남이었더라도 스스로 다가감으로써 운을 끌어당길 수 있다. 물론 그러기 위해서는 조금의 용기가 필요하다. 내향적인 사람이나 남들 앞에 나서기를 꺼리는 사람에게는 큰 용기가 필요할 수도 있다.

'괜히 나섰다가 미움받으면 어쩌지.'라든지 '뻔뻔하다고 생각하면 오히려 상대방과 멀어질 거야.'라며 주저한다.

하지만 기억하기를 바란다. 지금까지도 누군가를 좋아하거나 어떤 사람에게 인정받고 싶을 때는 조금 남아있는 용기를 쥐어짜서 그 사람에게 다가가지 않았던가? 그래서 실패한 적이 있던가? 성과가 없었던 적은 있었을지도 모르지만, 적어도 후회는 남지 않았을 것이다.

3

남의 손을 빌리고
남에게 손을 빌려주기

　중학교 때 성적이 점점 떨어져서 불안했던 시기가 있었다. 국어는 원래 잘하지 못했지만, 수학도 점점 뒤처지고 있었다. 장차 의대를 목표로 했지만 그 성적으로는 언감생심이었다. 바로 그때 우등생 친구의 노트를 편집하고 복사해서 모두에게 파는 반 친구가 나타났다.

　당시 우리 학교는 정답이 없는 수학 문제가 주에 30개씩이나 숙제로 나왔다. 열등생이 되었던 나는 문제 하나를 푸는 데 한 시간이나 걸리곤 했다. 결국 귀찮아서 숙제도 하지 않게 되었지만 그 동급생이 팔기 시작한 복사본 덕분에 드물지만 수학 시험에서 만점을 받을 수 있었다.

그 이후 수학 문제를 푸는 데 우등생을 이길 수 없다는 생각이 들어, 재빨리 복사본에 실려 있는 해답을 외우기 시작했다. 그리고 나서 수학 점수는 점점 올라갔다. 그것이 원하는 학교에 입학하는 계기가 되었고, 훗날 시험기술 연구가로서 데뷔하기에 이르렀으니 그야말로 나에게는 행운을 불러온 복사본이었다.

우리 학교에는 그런 분위기가 있었다. 상위학교를 진학하려는 학생이 많았지만 치열한 경쟁을 하는 대신, 모두가 우등생을 의지했고, 우등생도 자신의 공부 방법을 숨김없이 모두에게 가르쳐주곤 했다. 진학률이 높은 학교일수록 수험은 단체전이라는 분위기였다.

운도 마찬가지라고 생각한다. 상대방을 추월하거나 방해하는 인간관계는 운을 멀게 한다. 비꼬거나, 고집을 부리거나, 혹은 남을 얕보는 만남도 운을 멀게 한다. 모두 좁은 범위의 운밖에 잡지 못하고 불운을 만나도 혼자서 헤쳐 나갈 수밖에 없기 때문이다.

차라리 고집 따위 부리지 말고, 상대방을 추월하려고도 하지 말고 자신보다 능력 있는 사람의 손을 빌리거나, 자신이 잘 하는 것은 손을 빌려주는 유연한 자세를 가진 사람이 여러 면에서 운을 잡을 수 있다. 이런 사람은 만약 불운에 빠진다고 해도 주변의 도움으로 쉽게 빠져나올 수 있다.

험담이나 뒷담화를 하는 사람은 반드시 운에게 버림받는다
운이 강한 사람은 주변 사람들과 다양한 형태로 만남을 이어가려고 한다. 그러므로 어떤 상대에게도 정중하게 대한다.

이에 반해 운이 나쁜 사람은 좁은 인간관계 속에서 서로 고집을 부리면서 살아간다. 자신보다 능력 있는 사람에게는 다가가려고 하지 않고, 능력 없는 사람은 얕본다. 말하자면 인간관계가 개방형이냐 폐쇄형이냐의 차이다.

그런 폐쇄형에게 공통되는 점은 타인에 대한 험담과 뒷담화를 들 수 있다. 본인의 귀에 들어가면 곤란한 험담이나 뒷담화를 아무렇지도 않게 하고 다니는 것은 인간관계가 좁기 때문이다. 다양한 사람과 마음을 열고 교제를 나누다 보면 험담이나 뒷담화는 할 수 없다. 처음부터 상대방의 장점과 자신보다 나은 점에 매료되어 시작된 만남은 인간관계를 넓게 만든다.

즉, 험담이나 뒷담화라는 것은 상대방의 장점이나 우수한

점을 인정하지 않아서 나오는 것이다. 단점이나 결점을 말하고 돌아다닌다기보다는 질투나 시기적인 부분이 크다.

그 증거로 대부분의 험담과 뒷담화의 뒷면에는 질투가 있다. 성공한 사람을 시기하거나 자신보다 나은 사람을 깎아 내리려고 하는 마음이 있기 때문에 험담이나 뒷담화가 생겨난다. 있는 그대로 상대방의 장점을 인정하지 못한다.

물론 그 장점을 배우거나, 자신보다 나은 점을 받아들이는일, 혹은 의지하거나 손을 내밀려는 생각도 없다. 자신보다 상대방이 우위인 것을 용납하지 못하기 때문이다. 이러한 인간관계가 행운을 멀게 한다는 것은 여러 번 이야기했다.

운을 포기하고 싶다면 남의 험담이나 뒷담화를 해도 괜찮다. 그러나 그런 일이 흔한 인간관계 속에 있다 보면 득이 될일은 없다. 운에게 버림받고 언젠가는 그 인간관계 역시 소멸하기 때문이다.

4

운이 좋은 사람이
남들과 다른 점

성공한 사람을 보고 '저런 사람은 강한 운을 타고났다.'든지
'나와는 거리가 먼 사람이다.'라고 생각하는 이상 행운은 절대
찾아오지 않는다고 했다. 운이 강한 사람을 특별한 사람이라
고 치부해 버리면 자신의 운은 나쁜 것이 당연하게 된다. 게다
가 거기에서 빠져나오려는 마음도 들지 않기 때문이다.

따라서 설령 다른 세계 사람처럼 성공한 사람이라도 그 사
람에게서 무언가를 배우려고 하는 마음이 중요하다. '나도 따
라 할 수 있는 것은 없을까?'라든지 '조금이라도 가까이 다가

갈 수 있지 않을까' 하는 마음으로 그 사람을 살펴보자.

그러면 성공한 사람의 장점이 눈에 들어온다. 운은 눈에 보이지 않지만 사람의 장점은 쉽게 찾을 수 있나. '서 사람은 누구에게나 정중하게 대하네.'라든지 '상대방의 말을 가로막지 않고 끝까지 들어주네.', '사소한 도움에도 반드시 고맙다고 하는군.'처럼 다른 사람을 대하는 방법이 눈에 띌 수 있다.

'예정이나 약속은 그 자리에서 바로 정한다.', '아무리 바빠도 비즈니스 서적이나 전문 서적을 읽는다.', '사내의 여러 부서 사람들과 교제한다.'와 같은 업무상의 노력 등 자신에게는 없는 장점이나 움직임이 보이기 시작한다.

만일 막연하게 '저 사람은 특별하니까.'라든지 '나와는 다른 사람이다.'라고 생각하면, 어디가 어떻게 다른지는 알 수 없다. 단지 특별한 사람이라고 생각할 뿐이지 자신도 그렇게 되려고는 하지 않는다.

하지만 그 사람도 당신도 다 같은 인간이다. 경력이나 실적의 차이가 있을지는 모르지만, 전혀 다른 세상 사람이 아니다. 흉내 내려고 마음먹으면 얼마든지 가능하다. 자신도 운이 강한 사람이 되고 싶다면 성공한 사람의 장점을 자꾸 흉내 내보고, 자신의 능력으로 따라잡을 수 있는 좋은 점을 늘려 보자.

'이 사람도 힘들겠다'라는 것을 깨닫자

지금까지 자신의 장점을 키우는 것이 중요하다고 여러 번 말했다. 단점을 신경 써서 없애려는 것보다 장점에 자신감을 가지고 자신 있게 행동하는 편이 좋은 결과를 낳고 정신 건강에도 도움이 된다.

타인에 대해서도 마찬가지다. 상대방의 단점이나 결점만 보고 부정적으로 받아들이는 것보다 장점에 주목하고 그 장점과 함께 할 생각을 하는 편이 좋다. 훨씬 대인관계가 편해지고 여러 사람과 마음 편히 어울릴 수 있기 때문이다.

그런데 더 중요한 점이 있다. 타인의 장점을 알아보는 사람은 어떤 상대에게도 정직하고 겸손하게 대할 수 있다. '이런 녀석'이라고 얕잡아 생각하면 우리는 상대방을 무시하게 된다. 태도도 거만해지고 언어도 난폭해지거나 무례해진다.

하지만 '이 사람은 이런 점이 대단해.'라든지 '나는 못 해!'라는 생각이 드는 장점이 있다면 설령 아랫사람이든, 경쟁자든, 그를 존중하는 마음이 생겨난다.

설령 마음이 맞지 않는 상사일지라도 '일정관리는 확실하네.'라고 깨달으면 그만큼 부서 일에 신경을 쓰고 있다는 셈이며 '자신의 일도 추가로 해야 하니 힘들겠네.'라는 안쓰러운 마음조차 생긴다.

이렇게 말하면 '나는 그렇게까지 순수한 사람은 되기 힘들어.'라고 느끼는 사람도 있겠지만, 어떤 상대든지 '이 사람도 나름 힘들겠구나.'라고 생각하면 만나는 사람들을 여유로운 마음으로 대할 수 있다.

당신이 싫어하는 사람, 마음이 맞지 않는 사람도 마찬가지다. 별로 그 사람을 좋아하지 않아도 된다. 하지만 '이 사람도 힘들겠네.'라는 생각은 할 수 있다. 같은 직장에 다닌다면, 같은 일을 하고, 같은 상사를 모시고 있기 때문에 싫은 일은 얼마든지 있을 수 있고, 개인적인 고민이나 불만도 있을 수 있다. 그것은 당신과 마찬가지다. 그러므로 '나도 힘들지만, 이 사람도 힘들겠네.'라는 생각을 할 수 있는 것이다.

운이 강한 사람이 되고 싶다면 성공한 사람의 장점을 자꾸 흉내 내
보고, 자신의 능력으로 따라잡을 수 있는 좋은 점을 늘려 보자.

5

타인의 장단점을 인정하는 것만으로 충분하다

"그 사람의 행동력은 인정하지만……."이라든지 "그녀는 확실히 성실하긴 한데……."라는 식으로 말을 꺼낼 때가 있다. 그런 다음 "그래도 너무 밀어붙여."라든지 "그래도 좀 짜증나."라는 부정적인 말이 이어진다.

장점은 단점의 뒷면이라고 할까, 늘 따라다니므로 장점을 인정해도 단점을 강조해서 부정할 수 있다. 아마 감정적인 요소가 영향을 미친다고 보인다. 싫어하는 상대, 열등감을 느끼는 상대에 대해서는 솔직하게 장점을 인정하기 어려운 것이

인지상정이다.

하지만 그것이 자신에게 없는 요소라는 사실도 깨달을 것이다. '속상하지만 나에게 저런 행동력은 없어.', '저런 근면함만은 배우고 싶다.'와 같은 솔직한 마음이 들어도 된다. '하지만'이라든지 '그래도' 같은 말을 계속하지 말고 인정할 것은 인정하자.

자신의 장점도 마찬가지다. 자신에 대해서 우리는 아무래도 단점만 신경 쓰게 된다. 누구든지 자신의 장점을 인정하고 싶고, 남에게도 인정받고 싶은 욕구가 있다. 그러나 단점만 신경 쓰면 장점에 자신이 없어진다. 마찬가지로 남의 단점만 보면 불만이 먼저 생기는 것은 당연한 이치다.

자신의 장점과 타인의 장점을 합쳐보자

자신의 장점을 확실히 파악하고 그것을 기르려는 사람은 다르다. 싫어하는 일, 잘하지 못하는 것을 고치는 것보다 할 수 있는 일을 점점 늘려서 누구에게도 지지 않는 수준으로까지 높이려고 한다.

하지만 싫어하는 일이나 잘하지 못하는 일을 그냥 놔둘 수는 없다. 하고자 하는 일 속에 반드시 못하고 싫어하는 일이 연관되어 있기 때문이다. '이 기획은 통과시키고 싶지만 나는 숫자에 약해서 좀 무리인가.'라는 생각이 들면 모처럼의 기회에도 소극적이 될 것이다.

그러면 어떻게 하는 것이 좋을까? 숫자에 강한 사람을 끌어들이거나 아니면 정보 분석이나 통계의 요점을 배운다. 자신의 단점은 타인의 장점으로 만회하면 된다는 사고방식이다.

다르게 표현하면 자신의 장점과 타인의 장점을 합치는 것이다. 그것이 가능한 사람은 스스로 하고 싶은 일에 전부 도전할 수 있다. '지금은 아직 실력이 부족해.'라든지 '이 분야의 경험이 별로 없는데.'와 같은 자신의 약점을 신경 쓰지 않아도 되기 때문이다.

실제로 운이 강한 사람은 '할 수 있는가?'라는 주변의 의문을 신경 쓰지 않는다. '해보지 않으면 알 수 없다.'든지 '해보면 어떻게 되겠지.'라고 낙천적으로 생각한다. 그 근거는 확실히 있다.

이러한 삶의 방식, 사고방식이 가능한 사람은 당연히 남의 장점에 주목한다. 주위의 평가나 상대방의 단점이라든지 그러한 부정적인 이미지보다 '그는 제조 분야에 인맥을 가지고 있어.' '그녀는 회계 분야를 처리할 수 있어.'라는 장점에 평소

주목해서 자신이 하지 못하는 것이 있으면 "좀 도와주었으면 하는데?"라고 망설임 없이 부탁한다.

그것을 뻔뻔하다거나 얼굴이 두껍다고 생각하지 말기 바란다. 왜냐하면 누군가가 나를 의지한다는 것은 자신의 장점이나 뛰어난 점을 인정한다는 것이다. 부탁을 받는다면 오히려 기뻐해야 한다.

남의 단점만 신경 쓰면 달라지는 것은 없다

질투하거나 부러워하는 감정만 없으면 우리는 애초에 남의 장점은 알아보기 쉽다. 장점으로써 인정해야 하기 때문에, 아니면 자신보다 우수하다고 인정하지 않을 수 없어서 질투하거나 부러워한다.

따라서 주변 사람들의 단점을 일부러 찾아내지 않는다면, 누구나 장점은 적어도 한 가지씩은 있기 때문에 자신보다 어떤 우수한 부분이 있다는 사실을 깨닫게 된다.

운이 강한 사람은 이런 부분에서 매우 솔직하다. 자신은 상대방의 장점을 신경 쓰므로 단점이 있다고 해도 신경 쓰지 않는다. 그런 사람 앞에서 만일 당신이 "나는 우유부단하니 이렇게 일을 잘하는 사람 입장에서 보면 뭔가가 부족하겠군."이라고 주눅이 들어도 의미가 없다.

상대는 당신의 장점, 예를 들면 '신중한 성격이어서 내가 보지 못한 부분을 지적해 줄지도 몰라'.라는 등 함께 하는 가운데 자신에게 도움이 될 것을 기대하고 있기 때문이다.

그런 사람과는 당신도 안심하고 어울릴 수 있지 않을까? 위축되지 않고 편안하게 교제할 수 있을 것이다. 물론 상대방의 장점도 솔직하게 인정할 수 있다.

'그랬구나. 이 사람은 그냥 자기주장만 강한 것이 아니라, 나 같은 사람의 이야기도 제대로 들어주고 그것을 바탕으로 판단하는구나.' 그러한 사실을 깨달으면 자신도 한번 해보려는 기분이 든다.

'혼자서 우물쭈물 고민해도 결정할 수 없을 때는 이 사람에게 의논해 봐야지!' 그 사람과 만나면서 얻을 수 있는 장점을 누리려는 마음이 생겨난다. 왜냐하면 상대방은 그렇게 해서 결과를 내고 있기 때문이다. 운도 강하고 주변 사람에게 인정도 받고 있기 때문이다. 자신도 흉내 낼 수 있는 것이 있다는 사실을 알면 해보자는 기분이 자연스럽게 생겨난다.

좁은 인간관계에서
벗어나야 하는 이유

비즈니스의 세계에서는 상사가 승진하면 부하도 자연스럽게 따라 올라간다. 상사의 업무 스케줄이 확대되면 부하에게도 그만큼 기회가 생겨나고 업무 폭도 넓어져서 커리어를 개발할 수 있기 때문이다.

이와 반대의 상황은 비극이다. 별 볼 일 없는 상사 밑에서는 부하도 기회를 얻지 못하고 업무의 폭도 제한된다. 더구나 별 볼 일 없는 상사일수록 자신을 지키려고 하므로 업무방식을 바꾼다든지 부하에게 새로운 미션을 주는 대담한 일은 하지 못한다.

하지만 부하는 상사를 고를 수 없으므로 좋은 상사를 만날지, 나쁜 상사를 만날지는 정말 운에 달렸다. 스스로 잡을 수는 없다. 그 대신 운이 강한 사람의 흉내는 낼 수 있다. 이는 굳이 상사에만 국한되는 것은 아니기 때문이다. 다른 부서의 상사도 좋고, 직속상관 그 위의 상사라도 좋다.

혹은 부서를 뛰어넘어 동료나 선배도 괜찮고, 거래처 담당자나 학창 시절 친구라도 상관없다. 어찌 됐든 만사가 순조로운 사람, 점점 성과를 내거나 새로운 일에 도전하는 사람, 언제 만나도 열심히 하는 사람, 빛나는 사람, 그런 사람이라면 주위를 둘러보면 반드시 몇 명은 있다.

다른 사람을 흉내 내는 것의 장점은 평소에 별로 교류가 없어도, 가까운 사람이 아니어도, 얼마든지 할 수 있다. 좋은 평판이 귀에 들어오면 자신도 그 사람의 방식이나 생각을 따라 하면 된다. 가끔 만나는 사람의 사고방식이나 행동에 감탄하면 이 또한 즉시 흉내 내어 본다.

단점은 어느 정도 가까운 거리에 있지 않으면 보이지 않는다. 직속 상사와 맞지 않는 것은 가까이 있기 때문이다. 다른 부서의 상사가 좋아 보이는 것은 떨어져 있기 때문이 아닐까?

상대방의 장점을 흉내 내거나 장점을 살리고자 노력하면 좁은 인간관계에서 벗어날 수 있다. 직속 상사가 시원치 않다고 해서 운이 나쁘다고 포기할 필요는 없다.

밝고 긍정적인 사람에게 행운이 온다

지금까지 장황하게 설명했지만 내가 하고 싶은 말은 사실 단순하다. 밝고 긍정적인 사람은 주위 사람들과 즐거운 관계를 만들고 있고, 그 관계를 통해 행운이 온다.

"그의 이런 점이 좋아.", "그녀의 저런 점은 멋져.", "당신은 바로 그런 점이 매력이야." 이런 말이 자연스럽게 나오는 사람의 인간관계는 폭넓다. 장점을 서로 인정하는 관계이기 때문이다. 그렇기에 다양한 계획과 희망을 바로 실행에 옮길 수 있다.

밝고 긍정적인 사람은 실패해도 쉽게 다시 일어설 수 있다. 주위에서 도와주려고 하기 때문에 다른 사람보다 쉽게 일어설 수 있다. 대체로 밝고 긍정적인 사람은 힘든 일이나 실패 속에서도 스스로 일어선다.

이와는 반대로 단점을 서로 들추는 사이의 관계라면 행운은 달아난다. 아무 일도 일어나지 않는다. 누군가가 무슨 말을 꺼냈다고 해도 주위에서 움직이려고 하지 않기 때문이다.

당신이 원하는
방향대로 된다

_ 로젠탈 효과Rosenthal Effect

그리스 신화에 나오는 피그말리온은 여성이란 존재는 결점이 많다
고 생각했다. 피그말리온은 결혼하지 않고 혼자 살기로 결심했다. 그
대신 아름다운 여인상을 하나 조각했다. 그 조각상은 너무나도 완벽
해서 살아있다고 착각을 일으킬 정도로 정교하고 생동감이 넘쳤다
고 한다. 피그말리온은 날마다 아름다운 조각상을 보며 감탄하다가
그만 그 조각상과 사랑에 빠졌다.

  그러던 어느 날 사랑의 여신 아프로디테를 기념하는 축제가 벌어
졌다. 여신의 신전에 온갖 제물을 바치고 소원을 빌 때, 피그말리온
도 정성껏 마련한 제물을 드리고 여신께 간절하게 자신이 만든 조각
상이 자신의 아내가 될 수 있게 해달라고 기도했다.

  집으로 돌아온 피그말리온은 여느 때처럼 조각상에 다가가 볼에

입을 맞추었다. 그랬더니 차가웠던 살결에서 따뜻한 온기가 느껴지며 여인으로 변신했다고 한다. 피그말리온의 간절한 기도가 아프로디테의 마음을 움직여 조각상을 진짜 사람으로 만들어 준 것이다.

이 아름다운 이야기는 심리학에서 '피그말리온 효과Pygmalion Effect'라고 불린다. 피그말리온이 혼이 없는 조각상에 생명을 불러일으켰듯이, 우리가 무언가를 간절히 기대하면 그 기대는 반드시 현실로 이루어진다는 것이다.

피그말리온 효과를 직접 실험한 사람이 있다. 미국의 심리학자이자 하버드대 심리학과 교수였던 로버트 로젠탈Robert Rosenthal이다. 1868년 로젠탈 교수는 샌프란시스코의 한 초등학교에서 유명한 실험을 진행했다. 1학년에서 6학년까지 20퍼센트의 학생들을 무작위로 선발한 것을 숨기고, 그 명단의 학생들이 지능지수가 높은 아이들이라고 교사에게 전달한 것이다.

8개월 후 로젠탈은 그 학교에 다시 찾아갔다. 그리고 놀라운 사실을 발견했다. 명단에 오른 학생들이 다른 학생들보다 평균 점수가 높았던 것이다. 로젠탈은 이 실험으로 하나의 결론을 도출했다. 학생에 대한 교사의 격려와 기대가 학생들에게 스스로 자신을 변화시키게 만들었다는 것이다. 이러한 심리 현상을 '피그말리온 효과'라고 부르기 시작했다. 심리학에서는 '로젠탈 효과' 혹은 '기대 효과'라고 부른다. 긍정적인 기대나 관심이 그 사람에게 좋은 영향을 미치는 현상을 말한다.

로젠탈 효과를 통해 본질적으로 인간의 감정과 관념은 어느 정도 타인의 영향을 받는다는 것을 알 수 있다. 사람들은 자신도 모르게 자신이 좋아하고, 믿고 따르는 사람의 영향을 받는다는 것이다.

사람들 대부분 이런 경험을 한 적이 있을 것이다. 부모, 선생님, 회사의 대표 등등 "나는 너를 믿고 있어.", "너에게 갖는 기대가 정말 커."와 같은 말을 했을 때 듣는 사람은 형용할 수 없는 자신감과 흥분감이 생긴다. 반면 자신의 행동으로 인해 말한 사람의 기대를 저버리게 되면 죄책감을 크게 느낄 수 있다.

로젠탈 효과의 본질은 심리적 암시기 때문에 적당한 선에서 멈추는 것이 좋다. 만약 상대에게 건 기대가 너무 크거나 상대의 능력 범위를 초과해버리면 상대방에게 무거운 심적 부담감을 줄 수 있다.

우리가 원하는 것을 얻기 위해서는 적당히 '기대 효과'를 이용하는 것도 필요하다. 만약 당신이 관리자 혹은 선배의 위치라면 부하 직원이나 후배에게 적절하게 기대하고 있다고 표현하자. 단순히 명령하거나 지시하는 것보다 동기부여가 될 수 있고, 긍정적인 영향을 끼칠 수 있기 때문이다.

작은 세상에는 결국
작은 운밖에
따르지 않는다.

3장

하는 일마다
술술 풀리는
직장운 만드는 법

1

작은 세상에는 작은 운밖에 굴러다니지 않는다

운이 강한 사람은 인간관계가 원만하다. 이는 거의 의심의 여지가 없는 사실이다. 특히 운이 강한 사람은 직장에서나 사생활에서도 원만한 인간관계를 형성하고 있는 사람이 많다. 직장인이라면 주변에서 기회를 주는 사람들이 있다.

우선 상사다. 행여 좋은 상사를 만나지 못했더라도 그 사람의 능력을 사 주는 사람이 반드시 있다. 직속 상사 혹은 더 지위가 높은 임원이라든지, 다른 부서 사람 아니면 다른 회사 사람이나 거래처 담당자, 업무의 종류에 따라서는 다른 업계의 경영자나 상류층 사람에게서 큰 기회를 얻기도 한다. 사내에서도 '저 사람과 함께 일하고 싶다'고 파트너를 자청하는 동료나 '이 사람에게 힘이 돼주고 싶다'고 따르는 후배나 부하들이 있다.

직장 외부의 인간관계 또한 충실하다. 예를 들면 학창 시절 친구들과 가끔 만나 서로의 일에 관한 정보를 교환하거나, 도움이 될 만한 사람을 소개하면서 기회를 넓혀 나간다. 즉 좋은 일을 잡기 위한 인맥이 점점 쌓여 가는 셈이다. 필자가 아무리 인간관계의 중요성을 강조해도 관심이 없는 사람들이 많다.

'나는 별로 사교적이지 않아.'

'바빠서 눈앞의 일을 처리하는 것도 버거운데?'

'주변 사람들과 어울리는 것만으로도 피곤해.'

이런 생각으로 지금까지의 인간관계 뒤로 숨고 만다. 작은 세상에 갇혀 지금 가지고 있는 운을 지키는 데 급급하다. 물론 주변 사람들과 원만하게 교제할 수만 있다면 큰 불운을 만나지 않을 수도 있다.

하지만 큰 행운도 기대할 수 없지 않을까? 작은 세상에는 결국 작은 운밖에 따르지 않기 때문이다.

껍질을 깨고 나오면 좋은 일이 있다

운이 강한 사람은 정반대로 생각한다. 자신의 세상을 넓혀서 조금이라도 큰 행운을 잡을 기회를 찾고자 노력한다. 사실 운이라는 것이 어디에 굴러다니는지 알 수 없기 때문에 작은 세상에 안주하지 않고 넓은 세상을 활보해야 좋은 운과 만날 기회가 많다.

어떤 일이나 사업이 잘 안 되었더라도 바로 다른 일이나 사업의 기회를 찾는 사람은 불운을 빨리 회복한다. 그러므로 운이 강한 사람은 새로운 만남을 주저하지 않는다. 흥미나 관심 있는 상대방에게는 자기가 먼저 다가간다. 말을 걸어보고, 전화를 해 보고, 이메일을 보내는 등 적극적인 자세를 아끼지 않는다.

신문의 작은 기사에 소개된 중소기업의 경영방침에 공감한 20대 한 직장인이 그 회사 사장님에게 만나고 싶다는 편지를 썼다고 한다. 만나서 더 이야기를 듣고 싶고, 회사를 견학하고 싶다고 보냈는데, 바로 사장님으로부터 "언제든지 오세요!"라는 답장을 받았다. 이 직장인은 결국 그 기업에 취직했다. 따로 중도 채용 모집은 하지 않았지만, 사장님의 사고방식이 독특했기 때문이다.

"채용공고를 내면 당연히 응모자가 있겠지요. 지원자들은 하나같이 면접에서 훌륭한 지원동기를 말할 것입니다. 하지만 이 신문광고에 흥미를 느끼고 그것만으로 입사를 원하는 사람이 나타난다면 나는 주저 없이 채용할 생각입니다."

이런 생각을 지닌 사장님에게 직접 부딪쳐보지 않았다면 기적은 일어나지 않았을 것이다. 이 직장인 역시 설마 사장님이 그런 마인드라는 사실은 꿈에도 생각하지 못했을 것이다.

하지만 용기를 내어 부딪쳤다. 기사를 보고 감동하는 데 그치지 않고 '이 사람의 생각을 더 알고 싶다'는 마음에 도전해보았다.

상대방의 마음에 뛰어들기 위해서는 적어도 자신의 껍질을 벗고 뛰쳐나와야 한다. 그런 사람이야말로 이 사장님이 진정으로 원하던 인재였다.

2

닮고 싶고 **마음에 드는**
사람을 찾아라!

의대 재학 시절, 나는 솔직히 그다지 착한 학생은 아니었었다. 수업은 빼먹기 일쑤였고 아르바이트에 몰두했다. 국가시험에 합격한 것이 신기할 정도였다. 교수님들의 관심도 끌지 못했고 이런저런 이유로 병원에도 들어가지 않아서 취직자리도 없었다. 늘 스스로 운이 없다고만 생각했다.

그때 유일하게 정신과 전문의인데 내과도 볼 수 있다는 이유로 요쿠후카이(도쿄 스기나미구에 있는 사회복지법인이다. 특별요양원, 재택 서비스 센터, 병원 등을 운영한다. -역주)에서 불러준 것이 계속 행운으로 이어졌다.

그 이유는 요쿠후카이의 정신과에 들어가면서 평생의 스승이신 다케나카 호시로 선생님(당시 요쿠후카이 병원 정신과 부장)을 만났기 때문이다. 노년 전문 정신과 전문의가 될 수 있었던 것도 이 인연 덕이며, 앞에서 쓴 것처럼 전문가가 적은 노년 정신의학 분야에서 최고 권위자가 될 수 있었던 것 역시, 그분과의 만남이 있었기 때문이다.

학창 시절에 아무리 별 볼 일 없는 학생이었더라도 좋은 스승을 만나면 꽤 괜찮은 의사가 될 수 있다는 사실이 증명된 셈이다. 이처럼 우연한 기회에 그때까지의 인생과는 전혀 다른 세상이 펼쳐지곤 한다.

그 후로 나는 신중하게 내 스승이 될 사람을 고르기 시작했다. 정신분석을 배울 때도 모리타요법(동양철학에 기반을 둔 체계적인 정신요법으로 수 세기 동안 불안장애를 치료하는 데 사용돼 왔다. -역주)을 배웠을 때도 그랬다. 항노화(안티에이징)나 와인을 배울 때 역시 훌륭한 스승을 만남으로써 각 분야에서 상당한 수준에 도달할 수 있었다.

사실 자신은 운이 없다고 생각하고 있는 사람은 주변 사람들에게도 기대감이 없다. 예를 들면 '이 상사를 따라가야지.'

라든지 '저 사람과 함께라면 좋은 일을 할 수 있을 것 같다.'라는 희망이 없다. '왜 내 주변에는 의지할 수 있는 사람이 없는 것일까?', '나라는 사람은 인간관계에 복이 정말 없어.'라는 생각을 하고 있어서 운이 없다는 착각에 점점 더 빠져든다.

결과적으로 거기에서 탈출해서 새로운 인간관계를 만들려는 의욕도 사라진다. '기대해 봤자 어차피 배신당할 거야.'라는 생각에 새로운 만남에 지레 겁을 먹곤 한다.

하지만 이러한 사고방식은 자신을 운이 나쁜 세계로 가두는 결과를 초래한다. '지금이 안 되니 앞으로도 안 될 거야.'라는 비관적인 사고방식밖에 가질 수 없다.

그러한 상황을 확 바꾸어 주는 것이 '자신을 이끌어 주는 사람'과의 만남이다. 지금 하는 일과 상관없는 어떤 분야라도 좋으니 '이 사람에게서는 여러 가지를 배울 수 있을 것 같다.'라고 생각한다면 무조건 부딪쳐 보자. 틀림없이 예상치 못한 미래가 펼쳐질 것이다.

남에게 의지하는 삶도 괜찮다

정신과 전문의는 타이틀만 가지고 있는 사람까지 합쳐 일본에만 약 15,000명이 있다. 개업의든 고용의든 이만큼의 사람들이 정신과 전문의로서 환자를 대하고 있는 셈이다.

그러나 내가 보기에는 제대로 환자의 이야기도 듣지 않고 약을 처방하는 의사도 얼마든지 있다. 아니, 어쩌면 그런 의사들이 더 많다. 그렇게 해서 증상이 치료되거나 일시적인 안정은 있을지도 모르지만 자신의 고민이나 불안을 들어주려고 하지 않는 의사, 마음을 알아주려고 하지 않는 의사에 대해 환자가 진정한 의미에서의 신뢰감이나 안도감을 가질 수 있을지는 의문이다.

하지만 최선을 다해 임하는 의사는 다르다. 환자가 '이 선생님에게 진료받길 잘했다.'라는 생각이 든다면 실제로 마음의 안정을 회복하고 증상도 가벼워지는 일이 많다. 사실 '저 선생님과 이야기하는 것만으로 마음이 편해진다.'라는 생각이 드는 정신과 전문의가 있다. 온화하고 상냥한 성품 탓도 있겠지만, 역시 열심히 환자를 대해 주기 때문에 환자의 신뢰를 얻는 것이다.

사실 의사도 환자로부터 배운다. 열심히 대하면 대할수록 '이런 환자에게는 이렇게 대하는 편이 좋구나.'라는 치료상의 포인트뿐 아니라, 상대의 고민이나 불만, 불안을 듣는 가운데 정신 건강에 어떤 삶의 방식이나 사고방식이 중요한지 자연스럽게 알게 된다.

예를 들면 나는 노년 전문 정신과 전문의가 되었기 때문에 나이를 먹은 후에 서글픈 이유는 돈이 없어서가 아니라 젊은 사람들이 좋아하지 않기 때문이라는 것을 알았다.

아무리 경제적으로 풍요로워도 가족이나 자녀는 물론 누구에게도 사랑받지 못하고 살아간다는 것은 불행한 인생이라는 사실을 깨달았다. 그러자 나 자신의 인생관도 바뀌었다. 돈을 저축하는 것보다 자신이 좋아하는 것에 돈을 쓰고 여러 사람과 즐겁게 교제하고, 남에게 의지가 되기도 하고, 의지하기도 하면서 사는 편이 훨씬 좋은 일이라는 생각이 들었다. 그러다가 운이 핀 일도 분명 있다.

3

내가 좋아하는 것에
운이 숨어 있다

자신은 운이 나쁘다든지 인간관계에서 복이 없다고 한탄하는 사람도 아마 좋아하는 세계나 관심 있는 것 한두 가지는 있을 것이다. 만일 그런 분야가 있다면 혼자서만 계속하려고 하지 말고, 여러 사람과 함께 즐기거나 자극을 주고받으려고 노력해 보자. 취미나 뭔가를 배울 때도 모여서 수집품을 서로 보여주거나 발표회 같은 장을 마련하면, 수준도 오르고 인간관계도 넓어지기 때문이다.

예를 들면 시를 짓는 것도 독학으로, 오롯이 혼자 즐길 수 있다. 하지만 생각날 때마다 수첩에 적어 두고 때때로 기회가 있을 때 신문이나 잡지에 투고해 보는 것도 좋다. 이왕이면 동호회를 통해 지인을 모으거나 시 낭송회에 참가해 모두 함께 즐기는 것을 추천한다.

세상을 더 넓게 보게 된다. 본인보다 더 잘하는 사람을 만날 수 있고, 그런 만남을 통해 자신도 잘하고 싶어서 더 노력하게 된다. 무엇 보다 뜻하지 않았지만 새로운 인간관계가 펼쳐진다. 직업이나 나이 혹은 사회적인 지위의 차이에 상관없이 어울릴 수 있는 것이 동호회이기 때문이다.

나의 경우는 와인이 그러했다. 이렇다 할 만한 재주가 없는 사람이어서 먹는 것과 마시는 것만이 인생에서 지극히 행복한 시간이었다. 맛있는 와인과 요리가 있으면 그것만으로 행복했다.

하지만 모처럼 진기한 와인이나 고가의 와인이 손에 들어왔을 때는 혼자서 즐기는 인색함을 버리고, 모두 함께 마시는 편이 더 맛있을 것 같아 여러 사람들과 와인을 통해 만남을 가져왔다.

그 만남이 예를 들면 하야시 마리코 씨 같은 대작가나 야마모토 마스히로(라쿠고와 요리 평론가 -역주)씨 같은 진정한 요리 평론가와의 인연을 맺어주었다. 그분들은 그때까지 내가 알지 못했던 정말 맛있는 식당을 많이 알려주었다. 그러다 보니 그 식당 사람들과도 친해졌고, 손님들끼리 새로운 만남으로 이어져 더 폭넓은 인간관계를 얻을 수 있었다. 실은 긴자를 무대로 찍은 영화도 와인을 통한 교제가 계기가 되었다. 자신이 좋아하는 분야이기 때문에 더욱 마음이 통하는 사람과 만날 수 있다.

4
이런 사람에게
기회란 오지 않는다

어느 날 배우 사카이 와카나 씨가 라디오에서 엑스트라 배우 시절의 에피소드에 대해 이야기한 적이 있다. 엑스트라는 영화나 드라마에서 거의 대사도 없는 '기타 여러 명'의 역할인데, 그럼에도 불구하고 인기 드라마나 영화에는 엑스트라 지원자가 쇄도한다고 한다. 거기에서 조금이라도 주목받으면 뜻하지 않은 행운이 찾아올지도 모르기 때문이다. 사카이 씨도 무명 시절 지푸라기라도 잡아보려고 엑스트라 역에 지원했다고 한다.

"모두 버스에 올라타고 촬영장으로 갔다가 다시 버스로 되돌아오는 일상의 반복이었어요."

탤런트나 배우가 된 사람은 운이 좋다는 이야기를 들어본 적이 있을 것이다. 수천 명씩 지원하는 오디션에서 운 좋게 합격해서 신인 때부터 주목을 받은 스타의 이야기 말이다.

하지만 실제로 그들의 삶은 오디션에 지원하고 또 지원하는 일의 반복이다. 수많은 오디션에서 떨어지고 또 떨어지는 것이 일상이다. 엑스트라 역이라도 맡아서 기회를 잡고자 끊임없이 시도한다고 한다. 물론 그중 단 한 군데서라도 뽑히면 운이 피기 시작한다. 영화나 드라마의 조연 오디션에서 간신히 기회를 잡은 경력 때문에 무명의 중년 배우가 일약 스타가 되는 경우도 있다.

그런 사람도 운이 아예 없다고 말할 수는 없지만 결코 운이 강한 사람이라고도 할 수 없다. 운이 좋지 않았지만 희망을 버리지 않고 계속 시도했기 때문에 기회를 잡을 수 있었다는 얘기다.

행운은 누구에게나 주어진다. '나는 운이 없어.'라고 생각하는 사람도 운이 전혀 없지는 않다. 다만 그것을 스스로 찾아내지 못할 뿐이다. 한 번만 더 시도했으면 잡을 수 있는데 거기에서 늘 포기해 버리므로 '운이 없다'고 생각하는 것뿐인지도 모른다.

미래가 없는 사람들의 특징

이 책을 읽고 있는 대부분의 독자는 매일 자신이 하고 있는 일에 쫓기고 있을 것이다. 회사나 관공서 같은 조직에서 근무하거나, 자영업을 하는 등 다양한 일터에서 일하겠지만 여러 개의 직업을 가지고 있는 사람은 별로 없을 것이다.

그러나 한 가지 직업을 가지고 있어도 그 업무는 단순하지 않다. 직장인은 다른 팀과의 회의에 참석하거나, 거래처 직원을 만나거나, 기획안을 내고 예산상의 숫자를 집계해서 상사에게 보고하는 등의 다양한 업무를 수행해야 한다.

그 가운데 주된 업무가 있다. 예를 들면 영업이나 판매직의 경우, 매출을 올리는 등의 일이다. 이 주된 업무가 마음먹은 대로 되지 않으면 아무래도 좌절하는 마음이 생긴다. 상사로부터 따가운 눈총을 받기도 하고, 부서 안에서도 위축되곤 한다. 그뿐만 아니라 업무 평가도 낮아지고 초조한 심정을 갖게 된다. 그러면 다른 업무에 소홀해질 수밖에 없다.

'매상이 나쁜데 회의에서 이러쿵저러쿵해도 소용없어.'

'이런 실적을 상사에게 어떻게 보고하지.'

'할 일이 쌓여 있는데 그런 게 새삼 무슨 상관이람?'

주된 업무에 분발하지 않으면 누구도 자신을 상대해 주지 않을 거라 생각한다. 하지만 부서도 다르고 사람마다 입장도 다르다. 매상이 늘지 않은 영업사원이라도 상사는 '그러니까 보고라도 제대로 해 줘야지.'라고 생각할지도 모르고, 경리는 '영수증만이라도 제대로 제출해 주었으면.'이라고 생각할 수도 있다.

단골 거래처도 '정보를 더 많이 가르쳐주면 좋으련만.'이라고 생각할지도 모른다. 아니면 동료도 '회식 자리만이라도 분위기 좀 맞춰주지.'이라고 생각할 수 있고, 후배 역시 '힘들 때 도와주면 좋을 텐데……' 하는 마음인지도 모른다.

즉 제대로 해야 하는 일과 열심히 해야 하는 시간은 얼마든지 있다. 설령 매상이 늘지 않아도 '그의 이런 점은 믿을 수 있다.'라든지, '그녀는 어떤 일도 대충 하지 않는다.'라든지 '언제든지 기분 좋게 대해준다.'라는 평가가 그 사람에 대한 전체 평가에 영향을 준다.

그럴 때도 좌절해서는 안 된다. 앞으로 '행운'이 기다리고 있기 때문이다.

5

천천히 다가오는 운도 있다

사카이 씨는 엑스트라 역이 사람 수는 많아도 출연하는 장면이 적어서 감독이나 프로듀서 같은 직급이 높은 사람은 거의 말을 걸지 않는다고 한다. 대사가 많은 중요한 역할을 맡은 사람에게는 딱 붙어서 연기를 지도하거나 격려도 하지만, 엑스트라를 돌보는 사람은 젊고 경력이 짧은 '조감독'이라 불리는 사람들뿐이며, 그것도 도시락을 나눠주거나 순서가 다가오면 지시하는 정도에 그친다.

그런데 모 드라마의 조감독은 엑스트라 한 사람 한 사람에게 이렇게 말을 걸었다고 한다.

"저는 지금 조감독이지만, 틀림없이 잘될 거니까. 그때는 제 드라마에 출연해 주세요."

데뷔를 꿈꾸는 젊은이들은 이 말이 기뻤을 것이다. 사카이 씨도 이 말을 잊을 수 없었다고 한다. 이 조감독은 그 후 모 방송국의 프로듀서가 되어 맹활약 중이다.

에피소드를 듣고 나는 만남이 결실을 맺기까지 시간이 꽤 걸린다는 사실을 새삼 깨달았다. 5년 혹은 10년 경우에 따라서는 더 긴 시간이 지난 후에 소중한 행운을 가져다주는 만남도 있다는 사실이다.

'나는 만남의 운이 없다.'라고 생각하는 사람은 새로운 만남을 피하거나 귀찮아한다. '만나봐야 어차피 좋은 일 하나 없어.' 하고 처음부터 포기하고 만다.

하지만 그때는 좋은 일이 없어도 나중에 돌이켜 보면 '그때 거기에서 만나길 잘했어.'라고 이야기할 때가 온다. 한 번에 운이 찾아오는 만남보다 오히려 시간을 들여 천천히 찾아오는 운이 더 많다는 사실을 기억하기 바란다.

———

만남이 결실을 맺기까지 시간이 꽤 걸린다는 사실을 새삼 깨달았다.
5년 혹은 10년 경우에 따라서는 더 긴 시간이 지난 후에 소중한 행운
을 가져다주는 만남도 있다.

6

운은 이런 사람에게 반한다

　매우 기본적이고 평범한 이야기 같지만 운이 강한 사람은 성실하고 열심히 한다는 특징이 있다. 직장인이라면 자신에 대한 책임감이 강해서 직장과 거래처로부터 깊은 신뢰를 받는다. '저 사람이라면 제대로 해 줄 거야.'라든지 '맡겨 두면 안심이야.'라는 생각이 드는 타입이다.

　하지만 필자의 이런 주장에도 별로 상관없다고 생각하는 사람이 있을 것이다. '성실하게 해도 운이 나쁜 사람도 있지 않은가?' 운이 강한 사람은 적당히 해도 성과를 낸다. 그렇게 생각한다.

운에 대한 근본적인 오해는 우연한 운과 필연적인 운을 혼동하는 데서 시작한다. 자기가 어떻게 할 수 없는 운, 즉 잡을 수 없는 운과 스스로 어떻게든 끌어당길 수 있는 운, 잡을 수 있는 운을 혼동하는 것이다.

예를 들면 '적당히 해도 성과를 낸다'는 것은 우연한 운이 아닐까. 어쩌다 좋은 결과가 났을 뿐이지, 적당히 한다면 그런 행운은 어차피 놓치게 되어 있다. '성실히 해도 운이 나쁘다'는 것은 우연한 불운에 지나지 않는다. 운이 나쁠 때이기 때문에 큰 성과가 나지 않을 뿐이다.

하지만 직장이나 거래처로부터 신뢰가 깊으면 중요한 순간에는 "저 사람에게 맡겨야지."라는 말이 틀림없이 나온다. 게다가 성실히 하는 한, 큰 행운이 찾아오지 않아도 나쁜 운이 따라오는 일은 없다. 설령 불운이 계속되어도 그 사람에 대한 평가가 낮아지는 일은 없을 것이다.

중요한 것은 마음을 다잡는 것이다. '지금은 그럴 때야.'라고 포기하고 언젠가 행운을 잡을 수 있다고 믿는다. 모든 일에 성실한 사람은 언젠가는 운이 강해지기 때문이다.

목적이 있는 사람일수록 행운을 만나기 쉽다

앞의 이야기와 마찬가지로 '그것이 운과 상관이 있나?'라고 의문을 품는 독자도 있을 수 있다. 하지만 한 가지 확실한 것은 어떤 직업이라도 상대방이 기뻐할 만큼 성실하게 일을 하지 않으면 좋은 운은 따라오지 않는다는 것은 사실이다.

일에는 모두 목적이 있다. 무엇을 위해 그 일을 해야 하는가가 목적이다. 물건을 만드는 사람과 파는 사람은 행위의 대상인 사용자가 기뻐할 만한 물건을 만들거나 팔거나 하는 것이 일의 목적이다.

사무직에서도 조직을 원활하게 움직이거나 일하기 쉬운 환경을 만든다는 목적이 있다. 그럴 때 상대는 전 사원이다. 공무원도 기본적으로는 서비스업이므로 시민의 삶을 지킨다는 것이 제1의 목적이다.

하지만 그런 목적을 이해하고 자신의 역할을 성실히 수행하려는 사람은 의외로 많지 않다. '일이니까', '그게 보통이니까'라는 이유로 매뉴얼대로 일하는 사람이 대부분이 아닐까? 정해진 대로 순서를 따라 작업을 마치면 그것으로 역할을 다한 것이 될지도 모른다.

그렇게 해도 상대방이 만족한다고는 단언할 수 없다. '저 사람의 일은 왠지 사무적이야.'라든지 '그녀에게 부탁할 때는 기대하지 않는 편이 좋아.'라든지, 할 일은 해주지만 신뢰감은 없다는 경우가 많다.

극단적인 예를 들면 혼잡한 레스토랑에서 식어버린 수프가 나왔다면 어떤 생각이 들겠는가? '이게 뭐야?', '미리 만들어 둔 거 아냐?'라는 생각에 화가 치밀어 오른다. 그러나 데워달라고까지는 말하고 싶지 않다. 더 이상 그런 식당에는 안 가면 그만이기 때문이다.

결국 어떤 일을 하든 상대방이 기뻐해 주었으면 하는 마음이 있으면 사소한 부분까지 파악할 수 있고 단순한 일이라도 소홀히 하지 않는다. 그런 마음이 상대에게 전달될 때 '이 사람이라면 안심이야.'라든지 '맡겨도 된다.'라는 신뢰감이 생겨난다. 상대방에게 이러한 마음이 생긴다면 언젠가는 좋은 일이 생길 것이다.

7

운의 씨앗을
심는 법

운은 어디에서 굴러올지 알 수 없다. 그래서 앞장에서 스스로
잡을 수 있는 운은 무조건 많이 시도해 보는 것이 좋다고 이야
기했다.

 또 한 가지 중요한 사실은 모든 일에 기회가 주어진다고 생
각하는 것이다. 평소에 큰일, 사내에서 주목을 받는 일, 중요
한 자리에 앉은 사람만 기회가 오는 것이 아니라, 화려하지 않
고 눈에 띄지 않는 일이나 다른 사람을 보조하는 일이라도 거
기에서 큰 기회가 찾아올 수 있다고 믿어야 한다.

그렇다고 따로 뭔가를 하라는 것은 아니다. 모든 일의 목적을 생각하고 상대가 기뻐할 수 있도록 열심히 하는 것뿐이다. 비록 누군가를 보조는 일일지라도 그 사람이 일하기 쉽고, 전념할 수 있도록 도와주는 당연한 일을 하는 것이다.

그것으로 좋은 결과를 얻어서 그 사람이 좋은 평가를 받으면 그 사람을 보조하는 나에게도 행운이 찾아온다. 유심히 지켜보고 있는 사람이 있기 때문이다. 혹은 당사자로부터 "다음에 또 큰 업무가 오면 도와주었으면 해."라고 부탁을 받을 수 있다.

여기에서 만일 '뭐야 그냥 보조하는 역할인가?'라고 경시하거나 '어차피 평가는 저 녀석이 가져가겠지.'라고 부정적으로 받아들이면 운도 거기에서 끝나고 더 큰 기회가 찾아오는 일은 없다.

메시지나 연락사항을 알리는 일도 마찬가지다. '하찮은 일'이라고 대수롭지 않게 여기기 쉽지만 목적을 떠올리고 상대방이 기뻐해 주기 바라는 사람은 다르다. 전화로 전달받은 사항도 흘려 쓴 글씨를 읽기 쉽게 다시 적어서 상대방의 눈에 띄는 곳에 둔다. 그러면 '그녀가 하는 일은 틀림이 없네.'라고 생각할 것이다. '이런 식으로 일해 주면 큰일을 맡기고 싶어지지.'라고 신뢰받게 된다.

이처럼 크든 작든 모든 일에 행운의 씨앗이 숨겨져 있다. 어떤 작은 일이라도 그것을 열심히 한다는 것은 행운의 씨앗을 만들어 심는 것과 같다.

대충하지 않는 것이 중요하다

나는 기본적으로 여러 가지 일을 벌일 때, 그때그때 열심히 하지 않으면 손해라는 생각을 하고 있다. 앞에서 말한 대로 정신과 전문의가 본업이므로 이 일에 대해서는 물론 열심히 한다. 그 외의 무언가를 할 때 역시 그것이 본업이라는 마음으로 그 시간을 소중히 한다. 영화는 물론, 시험 관련 일이나 진학 상담 강연도 그렇고, 책을 쓰기 위한 취재도 그렇고, 제한된 시간을 조금도 낭비하지 않으려고 노력한다. 기진맥진하게 되도 그렇게 하는 게 기분이 좋다.

왜냐하면 상대방이 만족하기 때문이다. 그 만족감이 나에게도 전달되면 나 역시 기쁘다. 예를 들면 수험이나 진학 상담 강연에 모이는 사람들은 수험생이나 그 보호자들이 대부분이다. 내 이야기를 듣고 조금이라도 도움이 되는 정보나 지식을 얻어가려고 모두 열심이다.

그럴 때, 나는 정신과 전문의가 아니라 시험의 전문가로 이야기를 들어주는 사람들의 기대에 부응해야 한다. 참여해 준 사람은 내 본업을 시험 어드바이저라고 생각하기 때문이다.

여러 분야에 손을 대면 '무엇이 본업인지 알 수 없다.'든지 '하나도 제대로 하는 것이 없다.'라는 비판을 들을 것 같지만, 나는 결코 그렇지 않다고 생각한다. 각각의 일을 할 때마다 자신의 본업이라고 믿고 열심히 하면 각 분야에서 여러 사람에게 인정받거나, 신뢰받을 수 있다.

그러면 다른 분야에서도 좋은 영향을 준다. '정신과 전문의로서 신뢰할 수 있으니 그런 사람이 만든 인지증 요양에 관한 영화라면 틀림없이 재미있을 거야.'라든지 '시험 어드바이저로 격려해 주었으니 심리학책도 읽으면 기운이 나겠지.'처럼 한 가지 분야에서 인정받는 것으로 다른 분야에서도 기대심리가 생기는 효과가 있기 때문이다.

그 대신 소홀히 하면 어떻게 될까? '이쪽은 본업이 아니니, 대충 적당히 해도 용납받겠지.' 그런 생각에 알맹이 없는 강연한 다음, 책을 쓴다면 바로 모든 일에 비판을 받게 될 것이다. '어차피 전부 대충 대충일 거야.'라든지 '의사라도 제대로 진료하는지 알 게 뭐야?'라는 혹평을 받을 수 있다.

8

X 마크가 붙으면
운이 떨어진다

아무리 실적이 좋은 영업사원이라도 자신은 매상이 좋으니 다른 것은 신경 쓰지 않는 태도를 보이면 그 매상에 대한 평가도 같이 떨어진다.

회의에서 동료의 발언을 비하하거나, 잘난 척하거나, 회식 자리에서 자기 자랑만 늘어놓는 사람은 아무리 실적이 좋아도 사내에서는 좋은 평가를 받지 못한다. 상사도 '이 녀석 착각하는 것만큼은 손 좀 봐주고 싶다.'라고 생각할 것이다.

우리는 어떤 사람에 대한 세상의 평가보다 자신이 개인적으로 받은 인상을 더 중요시한다. 아무리 일을 잘한다고 평가 받는 사람이라도 눈앞에서 잘난 척하거나 잡무를 맡기거나, 모두 함께해야 하는 일에 협력하지 않는 태도를 보이면 '이 사람, 이건 아닌데.'라고 생각할 것이다.

'원래 이런 사람이었나.'

그런 인상을 주면 상대방 마음속에서 엑스 마크(X)를 치는 셈이다. 그러면 실적이 좋은 것도 그냥 우연한 일이 되어버린다. '이런 사람이 언제까지나 매상 넘버원을 유지할 리가 없어.' 하고 생각한다. 실적이 떨어져도 아무도 동정하지 않고, 오히려 당연하다고 여긴다. 그것으로 그 사람의 운도 끝이다.

실제로 회사에는 실적이 좋아도 인망이 없는 사람이 있다. 그런 타입일수록 내리막길로 접어들면 주변에서 내쳐진다. 아무리 운이 강해 보여도 그 운을 놓쳐 버리면 더 이상 회복하기 힘들다는 것을 알아야 한다.

그에 비해 내리막길이어도 자신의 역할을 충실히 해서 주변으로부터 신뢰받는 사람은 생각지도 못한 곳에서 운을 만날 수 있다. 실적이 오르지 않는 영업사원이라도 낙심하지 않고 수고를 마다하지 않는다면, 이런저런 일을 착실히 하다 보면 그것으로 인해 좋은 평가를 받아 다른 부서로부터 러브콜이 올지도 모른다. 혹은 조금씩 실적이 오르기 시작하면 주변에서도 협력을 아끼지 않으므로 단숨에 행운을 잡을 수 있다.

맛있는 것을 독점하지 않기

운이 강한 사람은 실은 당연한 일을 제대로 잘하는 사람이다. 평범하다고 하면 지극히 평범한 대답이지만, 눈에 띄는 것에만 열을 올리고 눈에 띄지 않는 일은 적당히 하는 사람은 하나의 운을 잡으려다 그 운이 날아가 버리면 더 이상 잡을 운이 없다.

그러나 어떤 일, 어떤 역할이든지 열심히 하고 있는 사람은 여러 곳에서 운을 잡을 기회를 만난다. 당신의 주위를 둘러보기 바란다. '저 사람과 함께라면 든든해.'라든지 '그녀는 늘 긍정적이야.'라는 생각이 드는 사람은 원래 자기 일은 물론 아무리 작은 일이나, 눈에 띄지 않는 사소한 업무라도 착실히 수행한다. 무엇이든 열심히 즐겁게 한다.

그런 사람은 크게 좌절하거나 무너지거나 하지 않는다. 원래 하는 일이 순조롭지 않고 실수가 잦아도 그 사람에 대한 신뢰가 있으면 주변에서도 잘 도와주기 때문이다.

그에 반해 점수 따는 일만 열심히 하는 타입은 운을 잡으면 그때는 열심히 하지만, 주변의 반응은 냉담하다. '해야 할 일을 안 했잖아?'라든지 '나는 저 사람을 신뢰할 수 없어.'라는 견해를 가지고 있다. 그러면 모처럼 찾아온 운도 고립되어 버린다.

이것은 중요한 포인트다. '모두가 기뻐하고 응원해 주는 행운'은 오래가도 '고립된 행운'은 바로 끝나버린다. 예를 들면 맛있는 것이 손에 들어와도 자기 혼자 즐기는 사람에 비해 지인들에게 함께 먹자고 하는 사람은 오래오래 그 행운이 이어진다.

자기 혼자 즐기면 행운을 독점할 수 있을지도 모르지만, 홀랑 먹어 버리면 그만이다. 아무도 맛있는 것을 나눠주거나 선물해 주지 않는다.

하지만 모두 함께 즐기는 사람은 행운의 양은 줄어도 누군가가 무슨 일이 있을 때 또 불러준다. "지난번에는 정말 즐거웠어요. 오늘은 제가 진기한 음식을 대접할게요."라고 초대해 주면 뜻밖에 행운을 맛볼 수 있다. 이런 일이 반복되고 행운의 만남이 이어지는 인생이 훨씬 즐겁지 않을까.

9

지지자가 많을수록
오래가는 운

나는 내가 정신과 전문의가 되길 잘했다고 생각하는 이유가 몇 가지 있는데, 그중 하나는 처음 만난 사람이라도 흥미를 줄 수 있다는 것이다. 확실히 그렇다. 마음속의 고민이나 불안과는 거리가 먼 사람일지라도 자신의 속마음에 관심이 없는 사람은 없다.

그 마음을 전문적으로 다루는 사람을 만나면 '내 얘기 좀 들어주지 않을까?'라는 생각이 드나 보다. 평소에는 말하기 힘든 고민거리도 상대방이 정신과 전문의사고 더구나 개인적인 모임에서라면 "어찌 된 일일까요?"라고 편하게 물어볼 수 있다. 여러 모임에서 처음으로 만난 사람이 나에게 마음을 열 수 있다는 사실. 그것이 정신과 전문의의 특권인지도 모르겠다.

물론 정신과 전문의가 아니더라도 처음 만난 사람과 마음을 열고 이야기할 수 있다. '저 사람과는 처음 만났을 때부터 편안하게 이야기할 수 있었다.' 혹은 '지금까지 친하게 지냈던 일은 없지만 처음으로 얘기해 보니 굉장히 친해지기 쉬운 사람이라는 사실을 알았다.'라는 것처럼 상대방에게 매운 좋은 인상을 주는 사람이 분명 있다.

그 이유는 매우 단순하다. 그런 사람은 상대방의 말을 잘 들어주고 나서 자세하게 대답해 주기 때문이다. 혼자 떠드는 사람이 아닌 잘 들어주는 사람이다.

나도 전에는 남의 말을 잘 듣지 않는 타입의 사람이었다. 타인을 내려다보는 습성이 있어서 대인관계가 원만하지 않았다. 당시의 내 자신을 돌이켜보면 늘 운이 나쁘다고 한탄만 하고 있었던 것 같다.

하지만 미국 유학 중에 스스로 환자의 입장이 되어 정신분석을 받아보았다. 남이 내 이야기를 들어준다는 것에서 오는 편안함을 느낌으로써 스스로도 타인의 이야기에 귀 기울이게 되었다. 그것이 중요하다는 사실을 몸소 체험했기 때문이다. 그 후로 나는 달라졌다.

기본적으로 남의 말을 잘 들어주는 사람이 있다. 어떤 곳에서 어떤 사람과 마주해도 그 시간을 소중히 여기고 열심히 이야기에 집중해 준다. 그렇기 때문에 무슨 일이 있을 때 힘이 되어주는 사람이 주변에 점점 많아진다. 뭔가 새로운 시도를 할 때도 누군가가 응원해 준다. 운은 그것을 지지해 주는 사람이 많을수록 오래간다는 것을 잊지 말아야 한다.

실은 내 처녀작인 〈수험의 신데렐라〉라는 영화도 신기한 인연이 이어준 사람과의 만남에서 탄생했다. 하야시 마리 씨가 내 책을 재미있게 읽었다고 작은 강연회를 요청했다. 그를 계기로 '엔진01'이라는 문화인 단체에 들어갈 수 있었다. 그리고 그 하야시 씨의 소개로 나카조노 미호 씨와 알게 되어 나카조노 씨 아들의 수험 어드바이스를 하다가 처음으로 영화 이야기를 구체적으로 하게 된 것이다. 당시 '엔진01'의 대표이자 작곡가인 사에구사 시게아 씨는 무료로 영화음악을 만들어 주었다. 영화 한 편에 정말 많은 분의 응원을 받았다. 그런 사실을 깨달을 때마다 나는 스스로 얼마나 운이 강한 사람인지 실감한다.

일에 집착하지 말고 즐기기

_ 일중독 증후군

직장인이라면 회사에 한두 명 정도는 일 중독자라 불리는 사람이 있을 것이다. 어떤 면에서는 완벽함에 가까운 직장인이라고 생각해 예전에는 긍정적으로 보았다.

1997년 마쓰모토 교수가 처음 제기한 일중독 증후군은 일에 대한 과도한 의존으로 일반적으로 한도를 초과하는 일을 함으로써 스스로 심리적 만족감을 얻는다고 한다. 이러한 의존이 통제력을 잃으면 그것이 일중독이 사람들에게 큰 악영향을 끼칠 수 있다고 한다.

일중독은 구조적으로 마약 중독과 비슷하다. 마약은 엔도르핀이라는 물질의 분비를 자극해 빠르게 사람들을 흥분시킨다. 일중독 증후군 환자처럼 강도 높은 작업이 가져오는 보상 심리는 엔도르핀 분비를 자극하고 사람들에게 병적인 쾌감을 가져다준다.

보통 1주일에 60시간 이상 일하는 대부분의 사람이 여기에 속한다. 일에 대한 집념이 강하고, 강박관념이 강하기 때문에 정신적으로 자유롭지 못하다. 나름대로 특이한 시간 개념이 있고, 일 자체가 자존심의 모체가 되므로 오로지 일에 의존하는 경향이 강하며, 휴가나 휴식을 취할 때는 금단현상이 나타난다.

또 일에 대해서는 거절을 하지 못하기 때문에 과로와 스트레스에 시달리게 된다. 이로 인해 소화기 계통의 질병, 고혈압, 위장병, 우울증, 강박증 등이 생기기 쉽다.

그렇다면 어떻게 해야 일중독에서 해방될 수 있을까? 대부분의 일중독자들 스스로 책임감이 강하다고 믿는다. 또한 다른 사람들이 자신에게 거는 기대가 크다고 생각한다. 하지만 사실은 그렇지 않다. 회사는 그 사람이 없어도 잘 돌아간다. 먼저 자신의 인지를 조절해야 한다. 그런 다음 일하는 중간중간 쉬는 시간을 갖도록 하자. 멍 때리는 시간도 필요하다. 그래야 더 멀리 빠르게 갈 수 있다.

치료는 환자 스스로 의지가 있어야 가능하다. 만약 이렇게 하기 어려운 사람이라면 전문의를 찾는 것을 추천한다. 예방을 위해서는 매일 규칙적인 운동과 6시간 이상 충분한 수면을, 1년에 1주일 이상은 일에서 완전히 벗어나 휴식을 취해야 한다.

부자가 되고 싶다면 지금 부자인 것처럼
돈을 쓸 때도 행복하게 써보자.
더 큰 돈이 굴러들어온다고 믿으며 말이다.

4장

쓰면 쓸수록
불어나는
금전운 잡기

1

부자들에게는
3가지 공통점이 있다

부자가 되는 방법을 다루는 책이나 기사에는 부자들의 공통
점이 자주 등장한다. 사실 심리학에서는 부자가 되는 방법을
직접적으로 가르쳐주지 않는다. 나 스스로 행운이 있다고 믿
으며 살면서 알게 된 금전운에 대해 소개하려고 한다. 금전운
이 있는 사람들의 특징은 3가지 정도로 정리할 수 있다.

1. 금전운이 강한 사람은 항상 쓸 수 있는 돈이 충분하다고 믿는다.

금전운이 좋은 사람은 스스로 미래에 돈이 계속 흘러 들어오

게 한다. 적절한 투자를 해서 돈을 내보내고 다시 들어오는 흐름을 크게 만든다고 한다. 더욱 큰돈이 들어올 것이라고 믿기 때문에 행복한 마음으로 돈을 쓰고, 이렇게 쓸 수 있는 돈이 있다는 것에 감사한 마음을 가진다.

앞에서도 말한 플라세보 효과로도 볼 수 있다. 부자가 되고 싶다면 지금 부자인 것처럼 돈을 쓸 때도 행복하게 써보자. 더 큰 돈이 굴러 들어온다고 믿으며 말이다.

2. 금전운이 강한 사람은 현실을 있는 그대로 바라본다.

열심히 일한다고 부자가 되는 세상은 이미 지났다. 조부모 혹은 부모에게 물려받은 재산이 없다면 스스로의 실력만으로 부자가 되기엔 너무나도 힘든 세상에 살고 있다. 우리는 이 사실을 너무나도 잘 안다.

대학에 다니며 학자금 대출이라든가 집을 사면서 대출을 받아 빚더미에서 헤어나오지 못하는 사람도 많다. 이런 현실을 인정하지 않고 자신만 불행한 사람이라고 생각한다면, 원망과 불만에 짓눌린 마음 때문에 행운은 제대로 날아보지 못한 채 사라져버릴 수 있다.

눈에 보이는 상대적인 피해의식을 버리고 냉철한 현실을

인식해야 한다. 자신감을 가지고 현실 세계의 시스템을 받아들여야 한다. 먼저 자기 자신을 있는 그대로 받아들이는 것부터 시작하자.

3. 금전운이 강한 사람은 대인관계가 남다르다.

부자들은 돈을 벌고 모으고 지키는 과정에서 다양한 사람들을 만난다. 사람들에게 상처를 받은 적도 있고, 배신을 당한 적도 있고, 싸움을 해야 하는 상황도 있다. 그러는 동안 부자들은 자신의 귀한 시간과 에너지를 누구에게 어떻게 투자해야 하는지 제대로 배운다.

환자들 중에 갑자기 인간관계가 끊기거나 배신을 당해 힘들어하는데, 얼마 지나지 않아 다른 관계를 맺게 된다. 더 좋은 행운이 들어올 땐 인간관계가 갑자기 끊기기도 한다는 것을 잊지 말자.

2
'어차피 나는 월급쟁이'라는
생각을 버려라

일반적으로 한 사람이 평생 벌 수 있는 일생의 매출 혹은 임금은 얼마나 될까? 일본의 한 조사에 따르면 대학을 졸업하고 입사해서 60세까지 근무한다는 조건으로 약 2억 5,317만 엔(한화 약 26억 원) 정도 된다고 한다. 여기에 퇴직금 평균액 2,175만 엔(약 2억 4,000만 원)을 더하면 2억 7,492만 엔(약 28억 원)이 된다. 직장인의 생애 임금은 근무지와 승진에 따라 차이가 있다. 대체적으로 3억 엔(약 33억 원)으로 볼 수 있다. 만약 가족 혹은 친구들과의 시간을 희생해서 임원이 된다면 생애 임금은 더 올라갈 수 있다.

소니가 2018년 히라이 가즈오 회장에게 지불한 보수는 27억 1,300만 엔(약 300억 원)이다. 퇴직금 11억 8,200만 엔(약 130억 원)과 주식 매입 선택권인 스톡옵션을 포함한 금액이다. 히라이 회장은 실적 부진의 늪에 빠져있던 소니를 일으켜 2014년 흑자 전환에 성공했다. 그 공적을 인정한 것이니 당연할 수 있겠지만 이는 소니 역사상 전대미문의 액수라고 한다.

모두에게 회사의 임원이 되라고 이런 글을 쓰는 게 아니다. 마음가짐이 중요하다는 것을 보여주고 싶어서 통계자료를 들먹여봤다. 열심히 일하면 내가 받을 수 있는 금액으로 볼 것인지 아니면 그저 남의 일이라고 생각할 것인지 말이다.

여기서부터 금전운이 크게 달라진다고 생각한다. '어차피 나는 월급쟁이니까'라고 지금의 월급에 만족하고 살아간다면 처음부터 행운의 길목을 막아버리는 건 아닐까.

3

돈과 운의 흐름을
내게로 오게 하려면

돈을 어떻게 생각하는가? 우리가 삶을 계속해서 영위하기 위해서는 돈이 필요하다. 누구나 이 사실을 알고 있다. 하지만 돈을 생각하고 대하는 기준은 사람마다 다르다.

《왜 고흐는 빈털터리였고 피카소는 부자였을까?》라는 책을 흥미 있게 보았다. 경영 컨설턴트인 저자는 돈을 대하는 자세에 따라 고흐와 피카소처럼 다른 인생을 살 수 있다고 한다.

고흐는 좋은 그림을 그리는 것에만 집중했고, 피카소는 '돈이란 무엇인가?'에 관해 관심이 많았다고 한다. 돈의 본질을 제대로 이해했던 피카소와 그렇지 못했던 고흐의 금전운이 크게 달랐다. 그에 따라 삶의 질 또한 달랐다.

고흐는 그림을 그리는 데만 열중했기 때문에 그림을 판매할 방법에 대해서는 생각해본 적이 없었다. 그림 판매에 관한 것은 미술상인 동생에게 모두 일임했다. 자신의 그림이 팔리지 않아 가난에 허덕였고, 결국 광기에 사로잡혀 자신의 귀까지 잘라버렸다.

피카소는 고흐와는 달랐다. 그림을 새로 완성하면 미술상들을 불러들여 자신이 그린 그림의 배경과 의도를 자세하게 설명했다. 그렇게 한자리에 미술상들을 부르면 그들끼리 경쟁한다는 것도 계산하고 있었다.

피카소는 '나는 화가다. 화가는 그림을 팔아야 한다.'라고 생각했다. 그림을 잘 팔기 위해서 구매자를 만족시켜야 한다는 것도 알았다. 그 만족감이 구매자들의 지갑을 열게 한다는 것을 깨달았기 때문이다.

금전운을 끌어당기려면?

당신은 돈의 주인으로 살고 있는가? 아니면 돈의 노예로 살고 있는가?

돈의 주인이란 돈으로 타인을 굴복시키거나 조정하는 사람을 말한다. 반대로 돈의 노예는 늘 돈 걱정만 하면서 어쩔 수 없이 돈을 벌고 쓰는 사람, 모든 것을 돈이 없어서 안 된다고 탓하는 사람이다. 마지막으로 돈의 친구가 있을 수 있다. 돈과 즐겁게 관계를 맺을 수 있는 사람. 인생의 파트너로 보는 사람이다.

돈의 주인 혹은 노예인 사람은 결국 승패의 세계에 살아간다. 이기고 지는 게임이 되기 때문에 돈 위에 서서 군림하려 들고, 돈을 쓰면서 얻는 가치보다는 돈 자체만 관심을 갖는다. 이런 세계에 산다면 영원히 행복할 수 없다. 게임에서 패배하게 된다면 더 슬퍼지기 때문이다.

돈을 파트너로 보고 친구로 대하는 사람은 대등한 세계에서 산다. 돈과 대등한 세계에서는 돈을 득실로 따지지 않는다. 인생을 풍요롭게 해주는 존재로 돈에 휘둘리지도 않고, 휘두르지도 않는다. 이런 마음가짐이라면 계속 좋은 금전운을 끌어당기지 않을까.

돈을 어떻게 쓰는지를 통해 그 사람의 기량을 알 수 있다. 돈을 제대
로 쓰면 운도 좋은 방향으로 향한다. 그것이 진정한 돈의 힘이다.

4

단지 불안을 없애려고
저축하지는 말자

얼마 전 신문에서 '치매 노인의 가계저축 추산 52조 엔(약 580 조 원)'이란 기사를 보았다. 그것도 치매 고령자의 저축액이 이렇게 많을 줄이야! 돈을 묵히면 돈도 사회도 활력을 잃는다. 돈을 묵히는 상황을 인체에 비유하자면, 혈액이 끈적끈적해져서 혈관이 막히기 직전과 같다고 볼 수 있다.

아무리 돈이 많아도 죽으면 쓸모없다. 저승까지 지고 갈 수도 없지 않은가. 죽을 때 부자가 되고 싶지 않다면, 건강할 때 금전운의 클라이맥스를 찍어야 하지 않을까.

요즘 일본에서는 젊은 세대일수록 저축에 열심이다. 앞날에 희망이 보이지 않기 때문에 저축할 수 있을 때 최대한 하려는 젊은이가 많다.

앞날의 불안을 대비하기 위해 하는 예금과 적금은 운을 달아나게 한다. 수입을 전부 저축한다며 현실에 아등바등 살다 보면 인생이 팍팍해진다. 현재가 즐겁지 않으면 몸도 마음도 아프게 된다.

비관적인 머피의 법칙이 금전운을 내보낸다

사람들은 일이 잘 풀리지 않고 오히려 꼬이기만 할 때 '머피의 법칙'이란 말을 쓴다. 머피의 법칙은 1949년 미국의 에드워드 공군 기지에서 일하던 머피 대위가 처음 사용한 말이다. 어떤 실험에서 번번이 실패한 머피는 그 원인을 무척 사소한 곳에서 찾게 되었다. 그때 머피는 "어떤 일을 하는 방법에는 여러 가지가 있고, 그중 하나가 문제를 일으킬 수 있다면 누군가는 꼭 그 방법을 사용한다."라는 말을 했다. 안 좋은 일을 미리 대비해야 한다는 뜻으로 한 말이다.

머피의 법칙은 굉장히 비관주의적이다. 일이 좋은 방향으로 발전될 가능성은 없고 잘못될 가능성만을 보는 것이기 때문이다. 최악의 상황이 발생할 가능성이 있기 때문에 저축을 하는 것이지 않을까. 다른 한편으로는 미래가 불안하다는 것은 자신의 능력이 아직 부족하다고 느끼기 때문이다.

미래를 대비하기 위해 바로 자신에게 투자하는 것은 어떨까. 외국어 공부를 한다거나, 자격증을 따거나, 헬스클럽에 등록해 건강한 몸을 만드는 것이다. 리스크 없는 최고의 투자는 바로 자신에게 투자하는 것이라고 했다.

돈을 어떻게 쓰는지를 통해 그 사람의 기량을 알 수 있다. 돈을 제대로 쓰면 운도 좋은 방향으로 향한다. 그것이 진정한 돈의 힘이다.

리스크가 1도 없는
투자가 있다

주식보다 더 좋은 투자처가 있다. 바로 자기 자신에게 투자하는 것이다. 대부분의 사람은 직장이나 사업을 시작하며 공부를 하지 않는다. 그러면 더 이상 운이 트일 가능성이 없다. 운이 좋아지기를 원한다면 스스로 성장해야 한다. 그것이 가장 빠르고 확실한 길이다. 무엇이든 계속 배워서 자신의 능력과 기술을 향상시켜야 한다.

자기 자신에게 투자하라고 하면 공부만 떠올리는 사람이 많다. 하지만 헬스클럽에 다니며 건강한 몸을 만드는 것도 자기투자다. 피부과, 네일숍, 마사지숍 등에 가서 자신을 아름답게 가꾸는 것도 일종의 자기투자다. 책을 읽거나 영화를 감상하는 것도 자기투자다.

자기투자의 시작은 자신이 가장 좋아하는 분야에 대해 관심을 두고 생각해보는 것이다. 나는 어려서부터 영화를 좋아했다. 학창 시절 영화를 만들기 위해 오랫동안 돈을 모아 캠코더를 샀다. 물론 영화를 찍는 데 실패했기에 좌절도 했지만 또 다른 인연을 통해 영화 만드는 것을 제대로 배울 수 있었다. 내가 캠코더를 사지 않았다면 다른 행운을 만나기 어려웠을 것이다.

이처럼 무언가에 꽂히면 계속해서 그 분야를 파고들게 되어 인간관계도 풍성해진다. 무엇보다 시간을 알차게 쓸 수 있다. 좋아하는 일에 몰두할 때 발생하는 에너지는 운을 더욱 강하게 하는 추진력이 된다.

6

중요한 건 돈을 쓸 때 느끼는 감정!

100엔숍에서 물건을 사다 보면 생각보다 지출이 많아지게 된다. 싸다고 이것저것 담다 보면 원래 사려고 했던 물건 외에도 많은 것을 사게 된다. '싸게 좋은 물건을 잘 샀네!'라고 생각한다면 다행이지만, '대체 이건 또 왜 산 거지?'라고 후회한다면 자신의 소비 패턴을 한 번 되돌아볼 필요가 있다. 사람은 취향이 한결같아서 무심코 샀던 물건을 또 사게 된다. 그 결과 비슷한 물건이 계속 쌓인다.

그런데 만약 자신이 산 물건이 100엔이 아니었더라도 샀을까? 이 정도 물건이 100엔이면 이득이지 하는 이유로 대부분 사는 경우가 많다. 상품 자체에 가치를 느껴서 샀을 때와 100엔이라는 싼 가격에 끌려서 샀을 때, 똑같이 두근거림, 설렘을 느낀다고 해도 두 감정의 본질은 완전히 다르다.

물건을 샀을 때 즐거움을 느끼는 이유가 이득을 보거나 싸게 사서라면 풍요의 기준이 '득실'인 것이다. 이득이나 돈의 액수로 풍요를 계산한다면 풍요로움을 느낄 기회를 놓치게 된다. 만족감을 얻기 어렵기 때문이다.

그럼에도 돈을 쓰고 나서 후회하는 마음이 든다면 자신의 마음을 다시 살펴보자. 위에서 말한 것처럼 비슷한 물건을 사서 부정적인 마음이 드는 건지, 아니면 매장 직원의 태도나 서비스에 불만을 느꼈던 건지 말이다. 자신의 감정과 똑바로 마주 보면 '헛돈 썼잖아!', '돈 버렸네.' 하고 돈을 탓하며 없었던 일로 치지 않게 된다.

세상에 버린 돈도 헛돈도 존재하지 않는다. 버린 돈이나 헛돈이 존재하는 이유는 마음속에 손해와 이득이라는 개념이 있기 때문이다. 이 개념은 승패의 개념과도 같다. 득실이 없는 세계에서는 어디에 어떻게 돈을 쓰든 반드시 풍요로운 마음으로 이어진다.

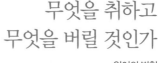

무엇을 취하고
무엇을 버릴 것인가

_ 악어의 법칙

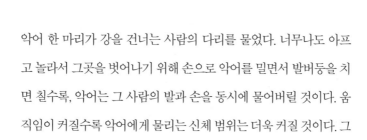

악어 한 마리가 강을 건너는 사람의 다리를 물었다. 너무나도 아프고 놀라서 그곳을 벗어나기 위해 손으로 악어를 밀면서 발버둥을 치면 칠수록, 악어는 그 사람의 발과 손을 동시에 물어버릴 것이다. 움직임이 커질수록 악어에게 물리는 신체 범위는 더욱 커질 것이다. 그렇기 때문에 만약 악어가 사람의 다리를 하나 문다면, 살아서 도망칠 수 있는 유일한 방법은 다리를 하나 희생하는 것이다.

잔혹한 이 '악어의 법칙'은 가장 평범한 대자연의 법칙일 뿐이다. 악어의 법칙은 한쪽 다리를 포기하고 살 기회를 얻는 것처럼 포기는 또 다른 것을 얻기 위함이다. 우리는 항상 포기할 때의 고통에 관해서만 관심을 가진다. 하지만 중요한 순간에 우리가 포기해야 할 것을 포기하지 않는다면 더 큰 고통을 겪게 될 것이다.

프랑스의 작가이자 사상가인 장 폴 사르트르Jean Paul Sartre가 이런 말을 했다. "인생은 B(Birth 탄생)와 D(Death 죽음) 사이의 C(Choice 선택)다." 우리는 태어나서 죽을 때까지 계속해서 선택해야 한다는 것이다. 우리는 선택할 권리가 있고, 그 선택에 따라 운명을 바꿀 수 있다. 행복과 성공이라는 목적을 이루기 위해 우리가 택해야 하는 길이 무엇인지 잘 선택하자.

운이 좋은 사람은 스스로 노력하고 기대했던 것 이상으로 결과를 만들어낸다. 자신의 능력과 노력에 비해 더 많은 돈과 명예가 따르고, 어려움에 부딪쳤을 때도 좋은 인연을 만나 쉽게 난관을 벗어나는 경우가 많다.

운이 좋은 사람은 기대 이상의 결과를 얻었을 때 자신을 높이기보다 다른 사람의 공으로 돌린다. 이렇게 항상 감사하는 마음을 키우고, 그것이 더 좋은 인연과 기회로 연결되어 다시 좋은 결과를 만드는 운의 선순환 구조를 만들어간다. 계속해서 행운을 끌어당기는 것이다.

운이 좋은 사람에게 공통적으로 두 가지 특징이 있다. 첫째는 올바른 방향으로 나아가는 것이다. 둘째는 적절한 타이밍을 선택하는 것이다. 방향과 타이밍의 조합이 중요하다.

우리가 선택하는 길에 너무 늦게 가지 않도록 타이밍 역시 잘 생각해야 한다.

무조건 부딪쳐보고 그 반응 속에서
이것저것 시도해 보는 사람이
뜻밖의 행운을 잡을 가능성이 높다.

5장

불안을 이겨내고
운을 지속시키는
19가지 절대법칙

1

절대법칙1_
행운의 씨앗부터 뿌리자

운이 강한 사람은 웬만한 일에도 좌절하지 않는 듯하다. 뭔가 큰 실패나 불운을 만나도 거기에서 끝내지 않는다.

'이번에야말로 적지 않은 충격을 받았겠지. 아마 저 사람은 당분간 일어서지 못할 거야.'

주변에서 그렇게 생각해도 바로 기운을 되찾아 새로운 목표를 향해 나아간다. 예를 들어 직장에서 큰 계약이 거의 다 성사된 시점에 취소당해서, 상사에게 야단맞고 좌절해 있을 거라고 생각했는데, 다음날 다른 큰 계약이 날아들어 단번에

만회하는 타입이다.

그러면 주위에서는 '역시 운이 강하네.'라고 감탄한다. '보통은 신뢰 회복까지 일 년은 걸리는데 저 사람은 보통 운이 아니야.'라며 놀라지만, 본인의 생각은 다르다. 설령 불운한 결과를 얻었다고 해도 행운의 씨를 아직 다른 곳에도 뿌려두었기 때문에 '이것이 실패해도 저것이 있어.'라는 희망을 계속 품을 수 있다.

운이 강한 사람은 우연한 행운이 그 사람을 향해 날아 들어온 것처럼 보이지만 실제로는 그렇지 않다. 스스로 움직여서 많은 기회에 도전하고 있다. 확률이 10분의 1이라도 열 번 도전하면 한 번은 성공하니, 아무리 꽝이 많아도 맞는 수 역시 증가한다. 즉 결코 운만은 아니다. 아무리 운이 나쁜 사람이라도 여러 번 시도하면 좋은 결과를 낼 수 있으므로 포기하지 않는 마음가짐이 무엇보다 중요하다.

'나는 운이 나쁘다'고 생각하는 것은 부정적으로밖에 작용하지 않는다. 운이 나쁘다고 생각하면 시도조차 하지 않으므로 당첨은 절대 뽑을 수 없다. 아무것도 하지 않고, 그저 '운이 나쁘다'고 한탄만 할 것이다. 이런 사람은 설령 절호의 기회가 찾아와도 주저하는 동안 기회는 멀어지고 만다.

시도를 피하면 좋은 일은 멀어진다

운이 좋고 나쁜 것은 얼마나 많이 시도했느냐에 달렸다고 생각한다. 굉장히 단순하지만, 여성들에게 인기 있는 남성이 좋은 예다. 딱히 외모가 수려한 것도 아닌데 여성들이 좋아하거나, 사이좋게 지낼 수 있는 남성의 대부분이 부지런하다. 여성에게 가볍게 식사를 청하곤 한다. 상냥하고 적극적이다. 그런 모습을 보고 '저 사람은 물불 안 가려.'라든지 '저 정도로 대시하면 사귀어 주는 여성이 있는 게 당연해.'라고 생각한다.

그렇다면 그 반대는 어떠한가? 전혀 인기가 없다. 자존심이 세거나, 까다롭거나, 내성적이거나 등등 여러 가지 이유가 있지만 본인은 그런 자신에게 관대한 경우가 대부분이다.

"나는 저 녀석처럼 여자들한테 적극적으로 나서지 못해."라며 자신이 인기 없는 이유는 그저 적극성이 없을 뿐이라고 생각한다. 본인도 마음만 먹으면 '나도 얼마든지…….'라는 생각이 어딘가에 숨어 있다.

적극적인 사람은 하고 싶은 일이 생기면 주저 없이 행동한다. 설령 실패를 많이 해도 착실히 실력을 키워나갈 수 있다. 실패도 경험의 하나이므로 자신이 좋아하는 일이라면 누구에게도 지지 않을 만큼의 커리어를 쌓아 나간다. 오히려 이런 사람이 운이 강한 사회인이다.

그런 사람을 보고 '나에게도 저런 맹렬함이 있다면…….'이라고 생각하는 사람 역시 많다. '저렇게까지 못하니 어쩔 수 없지.'라고 포기하고 매일 평범하고 변화 없는 업무에 불만을 품으면서 살아간다. 이런 사람이 운이 나쁜 사람이다. 지금의 당신은 어떠한가?

'그러고 보면 새로운 시도를 하려는 마음은 사라졌지.'

'벌써 몇 년이나 이대로 참을 수밖에 없다고 생각해왔어.'

만일 이렇게 생각하고 있다면 당신에게 부족한 것은 운이 아니라 시도다. 고작 그만한 일로 스스로 좋은 일에서 멀어지고 있는 것에 지나지 않는다. 시도는 바꿔 말하면 '의욕'이다. '사는 힘'이라고도 할 수 있다. 의욕은 살아 있은 한 누구에게나 잠재되어 있는 재능이다.

'일단 움직여라.' 그것만으로도 좋은 일이 당신에게 반드시 다가온다.

2

절대법칙2_
불안하니까 나아갈 수 있다

시도를 주저하게 만드는 제일 큰 이유는 불안이다. '실패하면 어쩌지?'라든지 '최악의 결과가 나오면 어떻게 하지?'라는 불안이 시시때때로 우리의 결심을 흔든다. 이는 어떤 의미에서 당연한 일이다. 불안한 마음을 무시하고 돌진했다가 뼈아픈 실패를 하면 굉장히 후회하기 때문이다.

'이렇게 될 줄 알았지 않은가?'라든지 '왜 이런 바보 같은 짓을 하고 말았을까?'라고 후회해도 때는 늦는다. 운 역시 당연히 멀어져 간다.

하지만 불안에 대해 나는 정반대의 생각을 하고 있다. 우리는 불안하기 때문에 오히려 더 앞으로 나아갈 수 있다.

'이대로 가면 떨어지지 않을까?', '영어 점수는 더 이상 늘 것 같지 않아.', '모두 더 어려운 문제를 풀고 있겠지.' 그런 불안을 느끼게 되면 눈앞의 공부에도 집중할 수 없다. 그런 수험생이 나에게 불안해서 공부가 손에 잡히지 않는다고 호소한다면 대답은 늘 정해져 있다.

"불안하지 않으면 아무도 공부 따위 안 할 거야." 다른 수험생도 모두 불안하기는 마찬가지다. 그래서 공부하는 것이 아닐까? 모의고사에서 성적이 아무리 좋고 합격 안전권이라고 해도 여전히 불안을 떨쳐버릴 수 없다. 그러니까 더 공부한다.

불안하다고 해서 공부하지 않으면 점점 더 불안해진다. 불안이 커지면 커질수록 공부가 손에 잡히지 않는다. 이런 악순환을 극복하기 위해서는 '불안하기 때문에 더 공부해야 한다.'라고 생각하자.

즉, 불안을 없애는 것보다 그 불안을 건설적인 동기로 부여하면 된다. '불안하니까 앞으로 더 전진할 수 있다.'라는 것은 바로 그런 뜻이다.

불안에서 벗어나면 좋은 일도 멀어진다

다음과 같은 상황에서 불안에서 벗어나는 것이 가장 좋지 않다.

'불안해서 공부가 손에 안 잡히니까 게임이라도 해서 불안을 해소해야지.'

'친구하고 놀다 보면 불안은 잊을 수 있어.'

그렇게 생각해서 불안에서 벗어나려고 하면 그때만큼은 시험에 관해 잊어버릴지도 모르지만, 책상 앞에 앉으면 또다시 불안해진다. 그럴 때마다 벗어나면 전혀 시험공부를 하지 못한다. 건설적인 것과는 정반대의 동기부여다.

그리고 '어떻게든 되겠지.'라고 스스로에게 들려주며 불안한 마음을 잊으려고 할 때도 있다. 직장에서 일할 때를 상상해 보자.

'다음 주에 중요한 회의가 있어. 계획을 통과시키기 위해서는 사전에 과장님의 의견도 들어 두는 편이 좋아.'

머리로는 알고 있지만 과장님이 무척 어렵고 평소에도 별로 대화를 나누지 않는다. 결국 무의식중에 '뭐, 아무렴 어때, 어떻게든 되겠지.'라고 불안을 해소한다.

하지만 막상 회의 시간이 되면 건너편에 앉은 과장님이 신경 쓰인다. '역시 미리 설명해둘 걸 그랬네.'라고 후회하지만 때는 이미 늦었다. 아니나 다를까 과장님은 당신의 계획에 냉담한 반응만 보이고 회의에 참여한 전원에게 무시당하고 만다.

　이 사람은 자신의 불안을 제대로 처리하지 않았다. 도망가고 속이고 무시하는 태도로 일단 불안을 잊어버릴 수는 있어도 근본적으로는 아무것도 해결되지 않는다. 불안을 건설적인 동기로 부여한다는 것은 불안하기 때문에 움직인다, 불안하기 때문에 더 앞으로 전진해 본다는 것이다. 불안에서 등을 돌려 버리면 모든 운은 멀어진다.

③

절대법칙3_
일기를 쓰면 바뀌는 것들

인지증 환자 치료의 기본적인 기술에 '불안한 내용의 명확화'가 있다. '최악의 결과가 나올지도 모른다.', '그렇게 되면 어쩌지?'라는 불안에 대해 "무엇을 두려워하는가?", "왜 그렇게 생각하지?", "일어날 수 있는 결과는 그것뿐인가?"라고 질문해 보고 불안의 정체를 명확히 밝혀본다.

예를 들면 직장인인 당신이 설립된 지 얼마 안 되는 회사와 큰 거래를 한다고 가정하자. 상품을 대량으로 팔 예정인데 조건은 나쁘지 않다. 수익이 커서 잘만 성사되면 당신은 회사에서 좋은 평가를 받을 것이다. 그렇지만 '정말 괜찮을까?' 하는 걱정도 앞선다. 상대방은 작은 회사이고 업무적으로도 아직 안정되지 않았다. 하지만 당신 자신의 판단으로는 장래성은 있다고 생각한다.

'만일 이번 거래가 잘 되면 앞으로도 매출이 올라갈 거야. 우리 회사의 중요한 거래처가 될 가능성도 있어.'

그렇게 생각하면서도 '만일'이라든지 '혹시'라는 불안이 떠올라 앞으로 나아가지 못한다. 물론 신규 사업이므로 상대 회사의 신용조사 정도는 마쳤다. 별다른 문제는 없었다. 상사도 '부디 신중하게'라고 말하면서도 당신이 생각하고 있는 거래를 막으려고 하지 않는다. 잘 되면 부서의 매출 상승으로 이어지므로 당연한 일이다.

이러한 경우에는 '무엇을 두려워하는가?', '왜 그렇게 생각하는가?'라고 스스로 답해보면 어떨까?

'매상액을 회수하지 못하면 어떻게 하지?'

'거래 직전에 취소되면 어쩌지?'

'납품 후에 고약한 클레임을 받으면 어떻게 하지?'

불안한 마음이 드는 이유를 하나하나 공책에 써보자. '왜 그렇게 생각하나?'를 자문해 보면 불안한 내용과 그 이유를 대충 파악할 수 있다.

'회사의 규모가 작아서 지불 능력이 걱정돼. 그런데 취소라든지, 클레임이라든지 그런 것까지 말하기 시작하면 어떤 거래도 하기 힘들지 않을까?'

이렇게 적다 보면 해결 방법도 마주하게 된다. 결국 '한번 해 보자'는 결론에 도달할 수 있다.

자신을 온전히 만나는 방법

우리는 어릴 적에 매일 일기를 썼다. 물론 숙제니까 어쩔 수 없이 썼겠지만, 하루 일과를 적는 것은 정신건강에 도움을 준다. 다른 사람이 아닌 스스로를 알아갈 수 있기 때문이다. 특히 너무나도 속상한 일이 있거나 화날 때 자신의 기분을 공책에 써보자.

자신의 감정을 적다 보면 왜 기분이 나빴는지, 인과관계를 생각하게 된다. 그러다 보면 사실과 감정을 분리해서 볼 수 있다. 실제 일어났던 일(사실) 때문에 기분이 상하게 된 것(감정)을 다시 잘 생각해 볼 수 있다.

매일 무언가를 적고 있는 사람들은 일기를 쓰는 게 어렵지 않겠지만, 갑자기 무언가를 적으라고 하면 막상 하기 힘들다.

매일 써야 한다고 하면 괴로운 마음이 들기 때문에 일주일에 3~4일 정도 자신의 마음을 써보자.

미국의 심리학자 칼 로저스Carl Rogers는 말을 통해서 치료하는 대화심리치료로 유명하다. 그는 대화심리치료의 한 방법으로 짧은 시간 동안 쓴 글을 보고 스스로에게 물어보게 했다.

"정말 마음에 있는 부담감을 다 털어놓은 거야? 이 문제에 대해 아무리 생각해도 해결책이 안 보이는 거야?"

며칠 혹은 몇 주 동안 자기 자신과 집중적으로 대화를 나누려고 노력하면 안정감을 찾게 된다고 한다. 만약 자기 자신과의 대화로 충분하지 않다면 은유를 사용하여 감정과 느낌을 표현하는 것이 더 좋을 수 있다. 감정과 느낌을 글로 묘사하고 그림으로 표현함으로써 많은 도움을 얻을 수 있다. 그림이나 꿈을 통해 자신도 알지 못했던 무의식이 드러나기 때문이다.

움직이지 않는 사람일수록 불안을 안고 있다

'이렇게 되면 어쩌지?'라는 불안에 휩쓸일 때가 있다. 이럴 때는 아무것도 할 수 없는 상태가 된다. 움직이지 않는 사람도 같은 경향이 있어서 어떤 기회를 받아도 '실패하면?'이라든지 '만일 미움받으면?', '만일 속아 넘어가면?'이라고 계속해서 나쁜 결과만 상상하곤 한다.

하지만 움직이지 않으므로 불안은 언제까지나 떨칠 수 없다. 이것도 나름대로 마음이 무겁고, 늘 뭔가 해야 하는 일이 있는 것 같은 느낌이 든다. '저 일도 사실은 하는 편이 좋을까?'라든지 '이대로 놔둬도 괜찮을까?'라고 마음이 쓰인다.

바로 움직이는 사람은 다르다. 움직이기 시작하면 나머지는 상대방이나 상황이나 운에 달렸다. 어차피 결과가 나오는 것이니 걱정해도 소용없다. 마음속에 결정하지 않은 것이 없어지므로 굉장히 편해진다.

게다가 여러 가지를 동시에 진행한다. 하나의 결과가 엉망이 되더라도 다음 순간에는 또 하나의 결과가 나온다. 그것도 잘 안 되었더라도 이윽고 또 다른 결과가 나온다. 어딘가에서 좋은 결과가 나오면 그 후로는 단숨에 돌진하기만 하면 된다.

만약 운은 잡을 수 없다고 해도 움직이면 잡을 수 있는 기회가 생긴다. 혹여 나쁜 운을 잡았다고 해도 움직이면 그 나쁜 운도 도망간다. 결과를 염려해서 움직이지 않는 사람보다 적어도 행운을 만날 가능성이 높다.

4

절대법칙4_
좋게 상상하는 습관

예측 불안에 대해서는 여러 책을 통해 설명한 적 있지만, 간단히 말하자면 '나쁜 결과만 상상해서 아무것도 할 수 없게 되어버리는 상태'를 말한다. 좋아하는 이성이 생겨도 괜히 말 걸었다가 이상한 사람으로 보면 어쩌지?'라고 생각하면 '이대로 말 안 하고 있는 편이 좋다.'라는 결론을 내린다.

'해보지도 않고 어떻게 알아?'라는 당연한 이치가 생각나지 않는다. 이렇게 되면 더 이상 운도 불운도 상관없다. 아예 모든 행운을 포기하고 불안에만 집중해서 불안에 휩싸이고 만다. 그럴 때 어차피 예상할 것이라면 좋은 결과도 떠올리는 습관을 들이기 바란다.

'식사에 초대했다가 거절당하면?'이라고 생각해도 되지만 'OK 해주면?'이라는 좋은 결과도 상상해 보자.

'멋진 시간이 되겠지!'라든지 '저런 여성과 연인 사이가 되면 행복하겠지.'라든지 '틀림없이 일도 열심히 할 마음이 들겠지.'라고 자신에게 일어날 만한 좋은 일, 행복한 일, 얻을 수 있는 것을 상상해 보자.

그에 비해 불운한 결과는 어떨까? 말을 걸었다가 거절당해도 불운은 그때뿐이다. 식사에 초대했다가 거절당했다고 해도 기회는 또 얼마든지 있다. 혹은 최악의 경우 미움받았다고 해도 잃을 것은 없다. 아직 연애를 시작도 안 했으니 좌절도 잠시뿐이다.

즉, 일어날 수 있는 최악의 사태와 그것이 일어나지 않았을 때 얻을 수 있는 것 모두를 생각해 보면 한 번 시도해볼 용기가 생긴다.

일단 60점이면 된다

경영자는 어떤 프로젝트를 실행하려고 할 때 세 가지 시나리오를 상정한다.

첫 번째는 최악의 시나리오다. 두 번째는 모두가 잘되는 시나리오다. 하지만 현실의 비즈니스 세계에서는 이 두 가지 시나리오 중 하나가 현실화될 가능성은 희박하다. 마지막 세 번째 시나리오가 가장 현실적이다. 시험 점수로 바꾸어 말하면 0점도 100점도 받을 수 있지만, 60점 정도가 제일 가능성이 높다.

대부분의 일이 그렇다. 얻는 것도 있고 잃는 것도 있으니 결과적으로는 합쳐서 60점 정도다. 사람에 따라서는 80점도 40점도 있겠지만, 어찌 되었든 0점은 있을 수 없다는 것이다.

일어날 수 있는 결과에 대해 우리는 걸핏하면 최악의 결과와 최상의 결과만을 단정짓는다. 그러면 '그렇게 잘될 리가 없어.'라고 생각하게 되어 이내 불안해진다. 결과적으로 최악의 결과만 남는다.

하지만 현실은 다르다. 사실이다. 과감하게 한 발을 내디디면 뭔가 그만큼의 결과가 나온다. 그것은 행운이 아닐지도 모르지만, 행운의 시작이 될 가능성은 지극히 높다.

5

절대법칙5_
운이 강하면 조금 무모하다

지금 '1점이든 2점이든 좋으니 안심할 수 있는 요소로 바꾸어 나가자'고 했는데 이는 할 수 있는 것은 해두자는 뜻이다. 이것저것이 아니라, 제한된 시간 안에서 손 쓸 수 있는 것은 써두자는 뜻이다. 불안의 요소를 모두 안심의 요소로 바꾸어 버린다는 뜻은 아니다.

일단 움직이는 것이 무엇보다 중요하기 때문이다. 실행하고 시도해 보아야 한다. 준비하는 데 뜸을 너무 들이면 대부분의 기회는 놓치고 만다. 비즈니스를 예로 들면 하고 싶은 일이 있어서 그 기회가 왔을 때 '아직 경험이 부족하다'거나 '정보가 불충분하다'는 이유로 주저한다면 그사이에 다른 사람이 낚아챈다.

그럴 때는 오히려 '이 기회가 좋은 경험이 된다.'라고 생각하면 더 이상 불안 요소가 아니다. '정보는 모을 수 있는 것만으로 충분하다'고 생각하면 그대로 진행할 수 있다. '만반의 준비'라는 것은 오히려 걸림돌이 된다는 사실을 명심하자.

경험이 풍부하고 정보가 충분하면 어떤 경우에든 최상의 결과를 얻는다고 생각하지만, 그렇지 않다. 오히려 '이것은 불가능해.', '이런 경우는 위험하지.', '상대방이 어떻게 나오는지 좀 더 지켜보는 편이 낫겠어.'라는 소극적인 판단을 해버려 결과적으로 아무것도 못 얻을 때가 있다.

현실의 비즈니스에서는 과거의 경험이나 정보가 도움이 되기는커녕 섣부른 지식으로 판단을 그르칠 가능성도 있다.

그보다는 오히려 무조건 부딪쳐보고 그 반응 속에서 이것저것 시도해 보는 사람이 뜻밖의 행운을 잡을 가능성이 높다. 만반의 준비를 하면 할수록 장비를 한껏 갖추지만, 그 때문에 가볍게 움직일 수 없는 데다 타이밍까지 놓칠 수 있다. 그러면 행운은 어느새 저만치 멀어져 간다.

기다리는 것만으로 좋은 일은 찾아오지 않는다. 그러한 의미에서는 운이 강한 사람은 조금 무모한 구석이 있다.

'저 사람이 하고 있는 것은 내가 보기에는 위험천만하기만 한데 왠지 잘 된다. 틀림없이 운이 좋은가 보다.', '나라면 더 준비를 하고 난 후에야 움직일 텐데……. 저 사람은 일단 도전부터 해보는군.' 그런 생각이 드는 사람이다.

사람이 채 타지도 않은 상태에서 차를 출발시키는 것 같지만, 본인은 할 수 있는 최소한의 준비는 했다고 생각한다. 예를 들면 처음으로 해외여행을 하는 데는 돌아올 교통비와 체재비, 가이드북 한 권 그리고 늘 먹던 소화제 정도의 물건이면 충분하다고 생각한다.

일할 때도 '하고 싶다'는 마음이 있으면 우선 대충 계획을 세운다. 어려운 문제에 부딪치면 잘 아는 사람에게 물어보면 되고, 자신의 능력 이상의 일은 누군가의 손을 빌리면 된다.

사람들은 불안을 조성하는 말을 쉽게 한다. "이렇게 되면 어떡하지?", "만일의 사태에 대비해서 철저하게 준비했어?"와 같은 위험만 강조하는 말은 준비와 장비에 시간과 돈을 쓰게 만든다. 예를 들면 노후대책으로 '이 정도의 돈이 없으면 비참한 말년을 맞을 것이다'라고 주장하는 것과 같다.

그 위협에 말려들면 돈을 모으기 위해 절약하고, 투자하고 싶은 마음을 억누른다. 노후가 걱정이라면 퇴직 후에도 수입이 들어올 방안을 세우고 그를 위해 필요한 자격증이 있으면 그것을 취득하는 데 돈을 쓰는 편이 훨씬 저렴한데 노는 것도, 사치도 참으면서 오로지 목돈을 모으려고만 한다.

물론 저축은 없는 것보다는 있는 편이 든든하다. 하지만 운이 들어오는 타이밍을 생각해 보면 충분한 준비를 갖추기 위해 계속 참는 사람보다, 그럼에도 불구하고 움직이는 사람 쪽이 행운을 잡을 기회가 훨씬 크다. 아무 일도 하지 않으면서 계속 기다리기만 한다고 좋은 일을 잡을 수는 없기 때문이다.

6

절대법칙6_
계속 불안하면 돌아가도 된다

운에 대해 재미있는 현상이 있다. '행운'이라고 생각했던 것이 '불운'의 시작이거나 반대로 불운이 행운의 계기가 되는 것이다. 사실 이 둘은 늘 따라다닌다.

가령 직장에서 실적을 인정받아 승진되어도 그 직위만큼의 더 큰 실적에 억눌려서 스트레스를 받는 경우다. 그럴 때 실적은 그저 그렇더라도 모든 사람이 따르는 사람이 빈자리에 뽑히곤 한다. 당사자는 지금까지와 다름없이 기를 쓸 필요도 없이 업무를 계속했기 때문에 결과적으로 부서의 큰 성과를 만들어 주기도 한다.

한큐도호그룹의 창업자 고바야시 이치조는 은행원 시절, 오사카에 설립된 증권회사의 지배인으로 스카우트되었지만 경제공황이 불어닥쳐 그 얘기는 물거품이 되고 말았다. 처자식을 거느리고 실업자가 되었다.

그러다가 우연히 그와 마찬가지로 경제공황으로 인해 경제위기를 만난 한 전철회사의 이야기를 듣고 자신을 증권회사에 스카우트했던 사람에게 은행융자를 얻게 하는 데 성공했다. 그렇게 그 전철회사의 실권을 쥐게 됐다. 그 회사가 바로 한큐전철이다. 그야말로 불행 중 다행, 아니 행운이 아닐까.

불안도 마찬가지다. 우리는 자신의 불안이 기우에 지나지 않았다는 사실을 깨달은 순간 큰 안도감을 느낀다. "아, 괜히 걱정했다."라고 입으로는 말하면서도 기뻐서 불안해했던 사실조차 잊어버린다.

그러나 그 정반대도 있을 수 있다. 전혀 불안하지도 않았었는데 뜻밖의 결과가 나와서 망연자실하는 경우도 현실에서는 얼마든지 일어날 수 있다. '도대체 무엇을 근거로 안심하고 있었을까?' 생각하면 자기 자신이 한심해진다.

운과 마찬가지로 불안도 결과를 보지 않으면 알 수 없다. 적중할지, 그냥 지레 겁을 먹은 것인지 해보지 않으면 결론이 나지 않는다.

그렇다면 불안해도 한 걸음 내디뎌 보아야 한다. 그 한걸음이 한층 더 불안을 키운다면 되돌아가도 괜찮다. '역시 무리야.'라고 생각이 들면 다른 길이나 방법을 찾으면 된다. 내디딘 발걸음이 완전히 헛걸음이 되는 일은 없다.

⑦
절대법칙7_
잘하지 못하더라도 괜찮다

내가 오랫동안 공부한 모리타요법은 바꿀 수 있는 곳은 바꾸고, 바꿀 수 없는 곳은 그대로 둔다는 것이 기본적인 사고방식이다.

불안에 대한 생각도 마찬가지로 '실패하면 어쩌지.', '최악의 결과가 나오면 어쩌나?'와 같은 불안에 둘러싸여 있으면 아무리 '괜찮아.'라고 스스로를 타일러도 불안 그 자체가 사라지지는 않는다. 그런 의미에서 불안한 마음은 간단히 바꿀 수 없다.

하지만 '불안해서 움직이지 않는다.'라든지 '불안하니까 일단 지켜보자.'라는 것은 다르다. 지극히 자연스러운 판단 같지만, 행동은 바꿀 수 있기 때문이다. 과감한 행동을 갑자기 하는 것은 무리일지라도 조금만 움직여보는, 일단 한 걸음만 내디뎌 보는 것은 가능하다.

사람들 앞에 나서면 긴장해서 아무 말도 못 하는 사람이 있다고 하자. '그래서 난 사람들 앞에는 나서지 않는다.'라고 정하면 그 불안에서 벗어날 수 있을까? 그것은 불가능하다.

일을 하다 보면 대중 앞에 나서야만 할 때가 있기 때문이다. 회의도 그렇고 사내교육이나 연수, 회식 등의 모임도 있으므로 남들 앞에서 말해야 할 때가 반드시 있다. 그때마다 불안해지고, 이리저리 핑계 삼아 도망치려고 하면 회사에 가는 것조차 힘들어진다.

그래서 어쩔 수 없으니 '뭐 최대한 눈에 띄지 말아야지.'라든지 '모두에게 말을 맞추어주자.'라든지 이리저리 궁리하면서 모임에 나간다.

하지만 "자네의 의견을 들려주게!"라든지 "A 님은 어떻게 생각하세요?"라고 갑자기 지명을 받아 발언해야 할 때가 있다. 갑자기 긴장하면 말을 잘하지 못한다. 머릿속이 새하얘지고 자신도 무엇을 말했는지 기억하지 못한다. 하지만 그것으로 별 탈 없이 지나간다. 불안은 일단 사라졌지만 긴장하는 버릇은 왠지 사라지지 않는다. 그래서 똑같은 상황이 되면 또다시 불안해진다. 이러한 일의 반복이다.

그럼에도 생각보다 큰일이 일어나지 않는다. 주변 사람들에게 미움을 받지 않는다는 것도 조금씩 실감하게 된다. 불안은 사라지지 않아도 실제로 해보면 어느 정도 성과는 얻을 수 있다.

8

절대법칙8_
평생 운 나쁜 사람은 없다

자신이 운이 없다고 믿는 사람의 과거에 있었던 불행한 체험을 말하라고 하면 얼마든지 말할 수 있다. "이런 일이 있었어.", "저런 일도 있었고.", "그래서 나는 정말 운이 나빠."라고 설명할 것이다.

불행했던 체험을 열거하는 일은 어렵지 않다. 시험에서 낙방한 일, 취업하고자 했던 회사에 입사하지 못했던 일, 애인에게 차인 일, 상사에게 미움받은 일, 몇 번이고 기회를 놓친 일, 부모가 가난하고 재산도 없는 것, 운동신경도 없고 딱히 내세

울 만한 재주가 없다는 것 등 운이 나빴던 적은 헤아릴 수 없이 많다.

하지만 이 하나하나가 전부 누구에게나 흔히 있는 일이 아닌가? 나와 같은 경우나 비슷한 조건을 가진 사람은 얼마든지 있다. 그 사람들 중에는 지금 잘나가는 사람이나, 자신의 꿈을 하나하나 실현하고 있는 사람도 있다.

당신은 평범한 직장인인가? 그렇게 운이 나쁜데 여지껏 아무렇지도 않게 살고 있다면 그 사실만으로도 행운이 아니고 무엇이겠는가?

예를 들면 상사에게 미움받는다는 사실은 불행일지도 모르지만 그래도 참을 수 있었던 것은 내 마음을 알아주는 동료나 후배가 있다거나, 친하게 지내는 다른 부서의 상사나 자신을 잘 봐주는 거래처가 있기 때문일 것이다. 그래서 직장에서 소외감은 느끼지 않을 수 있었다.

그것은 행운이며, 그렇기 때문에 모든 것이 불행한 인생이라는 것은 처음부터 존재하지 않는다. 그렇게 마음을 다잡으면 자신의 과거에 대해 다르게 생각할 수 있다. 과거 그 자체는 바뀌지 않지만, 어떻게 받아들이느냐에 따라 바뀔 수 있다. 누구의 인생에도 행복은 존재하기 때문이다.

9

절대법칙9_
운이 비껴가는 사람들의 특징

운이 강한 사람은 젊어서 큰 성공을 거두고 그대로 승승장구한다는 이미지가 있다. 벤처기업의 창업가가 좋은 예다. 혹은 직장에서 승승장구해서 동기들보다 먼저 출세하고 그 여세를 몰아 새로운 사업이나 큰 프로젝트의 리더로 발탁되는 사람이 있다. '저 사람은 확실히 실력도 있지만, 운을 타고났어.'라고 누구나 인정하곤 한다. 이때 사람들은 운이 강한 사람과 비교해서 자신에 대해 두 가지 방식으로 받아들인다.

첫 번째는 '나에게는 그런 운이 없다'는 생각이다.

'저런 사람은 틀림없이 운을 타고난 거야. 나 같은 사람은 아무리 분발해도 소용없어. 어차피 운이 없으니까.' 이런 식으로 생각하면 대부분의 사람이 운이 나쁜 사람이 되지 않을까? 운이 좋은 사람은 극히 일부에 지나지 않으므로 그 이외는 모두 운이 나쁜 사람이 되어 버린다.

사람들마다 각기 다른 운이 찾아오기 마련이다. 누구나 운이 좋을 때와 나쁠 때가 있으므로 '나는 운이 나쁘다'고 단정 지을 수만은 없다. 그래도 눈이 부실 정도로 운이 강한 사람과 자신을 비교하면 한숨이 나올 수밖에 없다. '저 사람의 반만이라도 운이 따라주면 좋으련만……'이라고 속상해한다. 이러면 점점 더 자신을 운이 나쁘다고 믿는 마음이 강해진다.

두 번째는 그 사람을 '어차피 정상에 있는 사람', '손이 닿지 않는 존재'라고 여기는 것이다.

'나와는 사는 세상이 달라'라든지, '전혀 다른 인종'이라고 생각한다. 결국 '아무리 노력해도 어차피 나는 저런 사람은 될 수 없어.'라고 포기하는 마음이 생겨난다.

'이 두 가지 사고방식에서 헤어 나오지 못하는 사람은 좋은 운도, 좋은 일에서도 멀어질 수밖에 없다.

모처럼 찾아온 행운을 망치는 사람

자신을 운이 나쁘다고 생각하는 사람은 뭔가 좋은 일이 일어나도 요행이었다고 생각하는 경향이 있다. '이번에는 어쩌다가 운이 좋았을 뿐이야.'라고 생각한다.

물론 좋은 일이 일어나면 기쁘고, 더 분발하고 싶은 마음이 든다. 그러나 마음속 어딘가에 '이걸로 충분히 잘하지 않았나?'라며 자족한다.

실적이 저조한 영업사원이 매달 목표도 달성하지 못하고, 상사에게 따가운 눈총을 받고 있다. 그러던 어느 날, 이 영업사원이 엄청난 매상을 올렸다. 우연히 방문한 오래된 단골손님이 때마침 대량의 상품을 주문했던 것이다. 최근 몇 년 동안 거래가 없었던 고객이기 때문에 이것은 그야말로 행운이라고 하지 않을 수 없다.

자신은 운이 없다고 믿는 사람은 그런 행운을 만나면 '아, 참 잘됐다.'라고 기뻐하고 '이것으로 당분간은 상사에게 미움받지 않아도 되겠네.'라고 생각한다. '한숨 돌렸다.', '나에게 좋은 일이 있을 때도 있네.'로 끝나고 마는 것이다.

모처럼 찾아온 행운을 계속 살리려고 하지 않는다. '자, 이제부터가 진짜야!'라고 자신의 운을 믿으려고 하지 않는다.

오히려 '당분간은 안심이야.'라며 늘 하던 방식으로 되돌아온다. 왜 더 이상 노력하지 않는 것일까?

가령 오랜 고객을 찾아내거나, 한동안 발주가 없었던 고객을 집중적으로 방문해 보는 등 운을 살리는 방법은 얼마든지 있다. 고객마다 데이터를 모아 각각의 발주 사이클을 파악하면 효과적으로 영업을 할 수 있다. 우연히 찾아온 성공일지라도 틀림없이 무언가를 배울 수 있다.

그것을 실천해서 만일 좋은 성과를 얻으면 다음에는 진짜 운이 좋아지고, 실력을 인정받아 더 큰 일에 도전할 수 있다. 길은 점점 열리는데 스스로 닫아버린다면 이 얼마나 안타까운 일인가?

10

절대법칙10_
불운은 행운의 예고편

스스로 운이 없다고 생각하는 사람에게는 또 한 가지 공통된 사고방식이 있다. 한 번 큰 기회를 놓치거나 큰 실패를 경험하고 나면 그것만으로 자신은 운이 없다고 단정 짓는 것이다. 20~30대의 젊은 세대가 그러면 더더욱 안타깝다. 그 마음을 이해하지 못하는 것은 아니다.

'자, 여기에서 성공하면 탄력을 받을 거야.'라든지, '내가 원하던 인생이 펼쳐질 거야.'라고 의욕이 넘칠 때, 예기치 않은 실패로 기회를 놓치면 실망이 크다.

시작에서부터 크게 좌초되면 더 이상 회복할 수 없을 것 같은 생각이 든다. 운이 좋은 사람은 처음부터 끝까지 운이 좋다고 생각한다. 처음 출발이 순조로워 크게 리드하고 그대로 달리는 것이 운이 좋은 사람이라고 믿는다.

그에 비해 자기 자신은 '나는 처음부터 뒤처졌어. 앞으로도 운이 나쁜 삶을 보낼 수밖에 없어.'라고 생각한다. 대기업에는 흔히 이름뿐인 관리직에 앉아서 실제로는 부하도 없고 찬밥 신세인 사람들이 있는데 그들 중에는 '나는 처음부터 운이 없었어.'라고 생각하는 타입이 꽤 많다.

'입사 5년째에 큰 기회가 주어졌지만 실패했다. 내 직장 인생은 그때 끝났다.' 예를 들면 이런 사고방식이다. 시작에서 앞서 나갈 수 있느냐가 인생을 결정한다고 믿는다. 그러면 더 이상 자신의 운을 믿으려고 하지 않게 되는 것이다.

반면 마지막에 행운을 잡는 사람도 있다. 직장생활 막바지에 그때까지 불운했다가 갑자기 주목을 받는 사람도 얼마든지 있다. 오히려 젊었을 때 큰 실패를 한 사람에게 다시 큰 기회가 찾아오는 일도 드물지 않다. 그럴 때 사람들은 한결같이 말한다. "그 실패가 있었기 때문에…….", "사회의 혹독함을 배웠다.", "낙심했을 때 상사의 격려가 고마웠다.", "나를 지지

해 주는 사람들을 알 수 있었다."라고 말이다.

이처럼 불운 속에서도 우리는 많은 것을 배울 수 있다. 그런 사람은 자신을 결코 운이 없는 사람이라고 생각하지 않았을 것이다. 여러 가지 운이 찾아오기 전에 어쩌다 처음부터 불운을 만났을 뿐이다. 그러므로 언젠가는 틀림없이 행운과 만날 수 있다고 믿었던 것이다.

실패 속에 기회가 있다

내가 학창 시절에 영화를 찍으려다가 실패로 끝났다는 이야기는 이미 했다. 실패의 가장 큰 이유는 영화를 찍는 방법이 서툴러서였다. 16밀리미터 영화를 찍기 위해 돈을 모아 기자재를 샀는데 반년이 지나도록 예정했던 분량의 반도 채 찍지 못하고 좌절했다.

그 당시 촬영 중 배우들의 옷을 전문 의상 회사에서 빌렸는데 나의 실패를 알게 된 그 회사 사장님이 "일본에서 가장 유능한 감독님의 현장에 내보내 줄게."라며 당시 다이에이 텔레비전의 의상 조수로 채용해 주었다.

덕분에 나는 영화를 잘 찍는 방법을 배울 수 있었고, 그것이 나중에 실제로 영화를 찍을 때 많은 도움이 되었다. 의상 회사

사장님은 서툰 나를 보는 게 답답했던 것일까? 무엇이든 혼자서 다 했기 때문에 의상도 내가 직접 준비하는 모습이 안쓰러워서 동정을 느꼈던 것일까?

어쨌거나 이런 만남은 정말 기쁘다. 실패 속에서 만난 사람이 다음 기회로 이어가는 방법을 가르쳐주었기 때문에 불운 속에서도 작은 행운을 발견한 기분이 들었다. 운이 나쁠 때도 무언가 좋은 일이 있었다는 사실을 깨닫기 때문이다.

제일 중요한 것은 무조건 움직여야 한다는 것이다. 계속해서 시도해야 한다. 실패했다고 해도 거기에서 무언가를 배우거나 누군가를 만날 수 있으므로 100퍼센트의 불운은 있을 수 없다. 설령 99퍼센트의 불운이 있어도 거기에 1퍼센트의 행운을 찾을 수 있으면 그 시도는 결코 헛되지 않다.

적어도 아무것도 하지 않고 자신은 운이 나쁘다고 한탄만 하는 것보다는 훨씬 낫다. 그리고 시도를 많이 하면 할수록 작은 행운도 쌓여가고, 실패의 연속이라고 해도 좋은 일은 조금씩 늘어간다. 그것이 언젠가 결실을 맺었을 때 큰 행운이 찾아온다고 나는 믿고 있다.

절대법칙11_
여세를 몰아가는 기술

행운을 잡기 위해서는 기본적으로 앞으로의 목표부터 정해
야 한다. 일이 잘되었을 때도 거기에서 만족하는 것이 아니라
'다음에는 이것에 도전해 봐야지.'라고 새로운 도전을 준비해
야 한다. 혹은 큰 목표 이외에도 단기간으로 나누어 중간목표
milestone를 세우고, 하나씩 완수해 나간다. 그렇게 하면 행운
이 한 번으로 끝나는 것이 아니라, 자신감을 가지고 다음 목표
로 향해 나갈 수가 있다.

모처럼 잡은 운도 아무것도 하지 않으면 도망가므로 그 여

세를 몰아가기 위해서라도 새로운 목표가 필수다. 목표를 항상 다음 목표의 시작으로 삼는 사고방식이라 할 수 있다. 불운을 만났을 때도 마찬가지다.

'이제 마지막이야.'라고 생각하면 그 불운은 언제까지나 따라다닌다. '나는 운이 없다'는 착각에서 벗어나지 못한 채 살아간다. 그러나 어떤 불운을 만나더라도 목표는 재확인할 수 있다. 큰 도전에 실패하면 목표를 낮게 다시 책정하면 되고, 희망이 사라졌을 때는 또 다른 목표를 세우면 된다.

예를 들어, 회사를 만들고 싶다는 막연한 목표를 가지고 있다고 하자. 하지만 당장 자금이 없고 업종도 분명치 않다면, 우선 작은 회사에 근무해 보고 돈의 흐름이나 경영 요점을 터득하는 것도 한 가지 방법이다. 굳이 경리부서가 아니더라도 회사 규모가 작으면 영업을 하면서도 이익의 체계를 터득할 수 있기 때문이다.

사실 작은 회사일수록 오히려 경영자의 전략이나 방침을 잘 배울 수 있다. 그러면서 회계학책을 사서 공부해도 되는 것이다. 하나의 업계에 종사하다 보면 다양한 업계와의 연관성도 보이기 시작한다. 어쨌거나 목표를 가지고 그것을 향해 끊임없이 움직이면 얼마든지 많은 것을 얻을 수 있다.

절대법칙12_
진심으로 믿는 마음

잡을 수 없는 운이라도 한 가지만은 분명하다. 그것은 스스로 강하게 바라는 것이 없으면 절대 성과를 낼 수 없다는 점이다. 이는 운과는 전혀 관계없는 것 같지만, 실은 큰 연관성이 있다.

"할 수 있는 것은 다 했다. 나머지는 운에 맡기자."

이런 말을 할 때, 우리는 결과를 믿는 마음을 지니고 있다. 어떻게든 실현시키고자 하는 목표가 있고 그를 위한 노력도 했으므로 틀림없이 좋은 결과가 나올 것이라고 믿는다.

그러나 이렇다 할 만한 목표도 없고, 주변에 맞추어 어쩔 수 없이 움직이면 일이든 공부든 결과를 믿는 마음은 생기지 않는다. '뭐, 잘 되면 돈 벌 수 있어.', '아니면 말고!'라는 정도의 나약한 희망밖에 없기 때문이다.

혹은 결과가 좋아도 '운이 좋았어.'라고 밖에 여기지 않는다. 단순히 '돈 벌었네.'라는 생각밖에 들지 않는다. 이는 우연히 굴러온 운이다. '그렇게 열심히 했잖아.'라든지 '그렇게 바랐던 일이니까.'라는 자신의 노력이나 의사와는 전혀 무관한 그냥 운이다. 그런 운은 진심으로 믿는 마음이 들지 않는다.

반면에 강한 바람이 있고 그에 걸맞은 노력도 하고, 그것으로 성과를 냈을 때는 다르다. 스스로 잡은 운이므로 확신이 생긴다. '이 운은 믿어도 돼.'라는 생각이 들고, '이대로 돌진해도 되겠어.'라는 자신감도 생긴다. 진짜 운을 잡은 듯한 기분이 든다. 이렇게 되면 살짝 불운을 만나도 더 이상 좌절하지 않게 된다. 스스로 행운을 믿고 자기 자신을 믿는 사람은 설령 어떤 불운을 만날지라도 거기에서 주저앉지 않기 때문이다.

절대법칙13_
인생은 장기전이다

이 책 앞부분에 쓴 것처럼 나는 계속 자신을 운이 없는 사람이라고 믿어왔고, 40대 중반을 넘어서야 그렇지 않다는 사실을 깨달았다. 운이 나쁘다고 믿었던 인생이 오히려 운이 좋은 인생으로 둔갑하였으니 신기할 따름이다.

마흔일곱 살에 처음으로 영화를 촬영한 것이 그 계기라고 한다면, 내 운은 포기할 수 없어서 버티다 보니 강해진 셈이다. 데뷔하기엔 너무 늦은 나이였지만, 나이를 신경 써도 아무것도 달라지는 것은 없었다. 앞으로 오래도록 영화를 계속 찍는 것이 더 중요하다고 생각을 바꿨다. 그러고 나서 그렇게 할 수 있는 내 인생은 정말 운이 좋다고 생각이 들기 시작했다.

운에는 '좋은 운'과 '나쁜 운'이 있다. 우리는 그 두 가지 운을 다 타고났다. 그렇다면 단순히 생각해 봐도 나쁜 일만 계속되는 일은 있을 수 없다. 오히려 확률로 말하자면 나쁜 일이 벌어진 다음에는 좋은 일이 일어날 것이라고 기대해도 된다.

매일 반복되는 일상에서 작은 운일지라도 예리하게 찾는 능력이 중요하다. 아무리 작은 일이라도 '이것은 굉장한 행운이 아닌가?'라든지 '틀림없이 나에게 좋은 기운이 들어오기 시작했다.'라는 유쾌하고 긍정적인 마음이야말로 진정한 행운을 가져다주기 때문이다.

나는 지금까지 살면서 자신의 운을 믿는 마음이 요즘에서야 들었다. 시간은 오래 걸렸지만 좋은 운은 천천히 찾아온다는 것을 알았다. 인생은 장기전이다. 앞으로의 인생과 자신의 운을 믿으면서 살아갈 수 있다면 더할 나위 없이 행복하지 않을까? 미래가 정말 기대된다.

14

절대법칙14_
운이 싫어하는 마음가짐

운이 나쁜 사람일수록 후회만 한다. 더구나 그 대부분이 '그때 이렇게 할 걸 그랬어.'라든지 '왜 그때 우물쭈물 망설이고 있었을까?'라는 식의 하지 않았던 일에 대한 후회다. 해버린 일에 대해서는 별로 후회하지 않는다.

'왜 그런 말도 안 되는 짓을 했을까?'라든지 '왜 더 신중하게 하지 않았을까?'라는 후회는 그다지 오래가지 않는다.

왜냐하면 벌써 결과가 나왔기 때문이다. 손해를 보았을 수도 있지만 앞으로 그 실패를 반복하지 않도록 주의하면 된다.

후회한다고 해도 아무것도 달라지지 않는다.

그러나 '만일 그때 행동에 옮겼더라면…….'이라든지 '더 빨리 결단했었더라면…….'과 같은 후회는 자신이 놓쳐버린 운이 속상한 것이다.

더구나 하지 않았던 일은 큰 손실을 가져다주지 않는다. 결과가 나오지 않았기 때문에 성공도 실패도 없다. 배울 수 있는 것이 없으므로 아무런 플러스도 되지 않는다. 아무리 후회를 해도 마음속으로 속상할 뿐이다.

그러므로 같은 일을 반복한다. 하지 않은 일, 자신이 움직이지 않았던 것을 후회하는 사람은 같은 상황이 되어도 여전히 행동에 옮기지 않는다. '어떻게 하지', '좀 더 상황을 지켜볼까?', '잘 생각해야지.' 하다가 결국 행동에 옮기지 않는다.

그로 인해 나중에 후회할지도 모른다는 것은 알고 있지만, 움직이지 않는 한 실패도 손해도 없으므로 결국 안전책을 선택하고 만다. 그리고 다시 후회한다. 이런 일의 반복이다. 그 결과 운이 나쁜 사람일수록 후회만 하는 결과를 낳는다.

운이 강한 사람은 정반대다. 실패도 하지만 성공도 한다. 실패하면 그 실패를 다음에 살릴 수 있다. 성공하면 점점 기회가 많아진다. 이런 사람은 늘 움직임이 많다.

뒤로 미루는 습관 역시 안 좋다

일상 습관도 마찬가지다. '이것은 지금 해두는 편이 좋겠다.' 라든지 '할 수 있으니 당장 하자.'라고 생각하고 바로 움직이는 사람은 결정되지 않은 일이나 하다만 일을 하나하나 처리해 나간다. 주변이 말끔해서 다음 행동을 취하기 쉽다.

이는 시간적으로나 행동적으로나 여유가 생겨난다는 뜻이다. 그만큼 기회가 찾아올 공간이 있고, 행운을 불러들일 공간이 있다는 뜻이다. 하면 할 수 있는 것, 바로 정리하는 것을 뒷전으로 미루는 사람은 어떨까?

'뭐 지금이 아니면 어때?'라든지 '이렇게 잡다한 일 언제든지 할 수 있어.'라고 생각하는 사람은 해야 할 일이 점점 쌓이고 만다. 머릿속에는 늘 '저것도 아직이네.', '이것도 남아 있어.'라고 신경 쓰이는 일들로 일정이 가득 차서 마음에 여유가 없다. 늘 바쁜 것 같은 느낌이 든다. 그러니 어떤 새로운 일이나 일정이 생기면 '도저히 할 수 없어.'라고 생각한다.

'아직 하다 만 일이 이렇게 많이 남아 있고 잡무도 쌓여있고, 미루고 미룬 약속도 있어. 유감이지만 지금은 옴짝달싹 못해.'라고 포기한다. 이 포기도 결국 정해진 기한을 뒤로 물려서 늘리는 '연기'인 셈이다.

어차피 하다만 일이라면 전부 다 포기하고 하고 싶은 일 쪽으로 전념하면 될 텐데 그것도 할 수 없기 때문이다. 연기해 오던 일을 오래된 순으로 처리하려고 하기 때문에 언제까지나 미루고 또 미루는 악순환이 계속된다.

이런 식으로는 정말 하고 싶은 일이 있어도 옴짝달싹 못한다. 움직이려고 하면 움직일 수 있는데, 스스로 움직일 수 없다고 믿기 때문이다. 그럴 때마다 운은 멀어진다.

15

절대법칙15_
움직이는 만큼 얻는다

민첩하게 움직이지 못하는 사람은 '이번에는 무리지만······.' 이라고 핑계를 댄다.

"하고 싶지만 이런저런 일을 하고 있어서 당장은 움직이지 못해. 다음에도 꼭 물어봐 줘."

그렇게 말하고 다음 기회를 기대하지만 더 이상 기회는 돌아오지 않는다. 왜냐하면 단번에 수락하고 행동에 옮기는 사람이 있기 때문이다. 그 사람이 제대로 수행해서 결과를 내면 앞으로는 기회가 그 사람에게 주어진다. 경험도 실적도 있으므로 당연하다.

따라서 운이 나쁜 사람은 종종 이런 불평을 하곤 한다.

"그 얘기는 처음에 그 사람이 아니라 나에게 온 건데."

"나도 할 수 있었는데 그녀에게 기회가 주어진 거야."

마치 애써 잡은 물고기를 고양이가 채간 것 같은 말을 하지만 듣고 있는 사람은 아무도 공감하지 않는다. '네가 재빨리 행동에 옮기지 않아서 그런 거야.'라고 생각한다.

하지만 운이 나쁜 사람은 계속해서 운 탓이라고 생각한다.

'모처럼의 기회였지만 어쩌다 보니 움직이지 못했어. 하지만 그 사람은 운이 좋아서 움직일 수 있었기 때문에 기회를 얻은 거야. 정말 운이란 알 수 없는 거지.'

이제 두 가지는 확실히 이해하자.

첫 번째는 언제든지 움직일 수 있도록 그때그때 정리해두는 습관의 중요함이다. 두 번째는 대담하게 들리겠지만 기회가 오면 무조건 뛰어들어보는 것이다. 시기라든지 타이밍, 혹은 준비가 되어 있는지 여부는 생각하지 말고 무조건 시도해보자. 만일 일도 많고 일정도 바빠서 옴짝달싹 못한다고 해도 모두 내던져 버리면 그만이다.

매우 중요한 능력

일이든 공부든 결과를 내는 것이 중요하지만, 나는 더 중요한 것이 있다고 생각한다. 그것은 바로 움직인다든지, 생각난 것은 실행해 본다는 행동력, 혹은 실행력이다. 결과를 내기 위해서는 실행해야 한다. 실행해서 실패로 끝났다고 해도 거기에서 배울 수 있는 것이 많으니 헛된 일은 아니다.

그러나 움직이거나 실행하지 않고는 아무것도 기대할 수 없다. 공부도 결과를 내기 위해 이리저리 방법을 생각하는 것은 중요하지만 거기에서 결정한 것을 바로 실행에 옮겨보지 않는 한, 언제까지나 결과는 나오지 않는다. '이렇게 하면', '저렇게 하면'이라고 생각하는 것만으로는 아무 의미가 없다.

대부분의 사람은 아주 열심히 일을 한다. 매일매일 할 일이 많고, 그것을 계속 처리해가지 않으면 엄청나게 산더미처럼 쌓인다. 바로 움직이는 사람과 그렇지 않은 사람은 결과에서 큰 차이가 나는 것이 당연하다.

다른 한편으로 일할 때는 바쁘게 움직이면 그것으로 안심되는 측면도 있다. 자신이 맡은 일과 매일의 일과를 실행해 나가면 딱히 결과를 내지 않아도 책망받거나 하지 않는다.

하물며 하고 싶은 일이나, 잘하는 일을 더 향상시키는 일은

마음만 먹으면 언제든지 할 수 있다고 생각해서 뒷전이 되고
만다. 잡다한 일도 진력이 날 정도로 많고, 갑자기 생기는 일
도 있으므로 계속해서 미루는 버릇이 생기면 바로바로 행동
하기 어려워진다.

그래서 '왜 나만 이렇게 바쁜 거야?'라고 불평하는 사람도
있지만, 똑같이 매일 해야 할 일을 수행하고, 잡무를 처리하
고, 급한 용건도 대응하면서도 하고 싶은 일에 뛰어들거나 스
킬을 닦는 사람도 있다.

'왜 저 사람은 저렇게 여유가 있을까?'라고 신기해하지만,
이유는 단순하다. 기회에 뛰어드는 사람은 바로 움직이는 것
을 습관으로 삼기 때문이다. 보류하지 않는다. 가능한 것은 그
자리에서 실행한다. 단지 그것만으로도 할 수 있는 일이 훨씬
많아진다. 나름대로 굉장히 현실적인 능력이다.

바로 움직이는 사람이 행운의 싹을 잡는다

계열회사의 하나를 맡은 사람이 본사의 총수와 면담 약속을
잡는 데 반년이 걸렸다는 이야기를 들은 적이 있다. 비서실을
통해 면담을 신청했지만 반년 앞까지 일정이 다 차 있었다고
한다.

그만큼 경영자는 바쁘다는 이야기인데, 만나는 것도 쉽지 않을 정도로 바쁜 것은 항상 움직이고 있기 때문이다. 한순간도 멈추지 않고 계속해서 움직이는 것은 운이 강한 사람이기 때문이다.

실제로 유능한 경영자는 무언가 생각나거나, 신경 쓰이는 일이 머릿속에 떠오르면 바로 움직인다. 계속해서 생각해 보거나 잘 아는 사람이나 부하와 의논하거나, 배워서 가능성을 타진하는 행동이 대답을 이끌어 내는 시간을 단축시키기 때문이다.

물론 전화로도 가능하다. 대답을 들으면 그 자리에서 바로 판단할 수 있다. 이는 체념도 빠르다는 이야기다. '시장이 그렇게 좁으면 무리네.'라고 판단하면 떠오른 아이디어를 깨끗이 포기한다. 여기서도 공을 바로 전달하는 편이 다음 일에 바로 착수할 수 있다는 사고방식이다.

경영자는 이런 두뇌 회전이 빠르다. 자신이 문득 잡은 공(아이디어)도 언제까지나 혼자 가지고 있지 않고 누군가에게 탁 던져버린다. 그 공이 돌아오는 사이에 또 새로운 공을 손에 넣는다.

우리가 움직일 때도 마찬가지다. 생각난 것은 바로 행동에 옮기는 편이 앞으로 나갈지, 되돌아올지 판단도 신속하게 할 수 있다. 움직인다고 해도 처음에는 조사하고, 정보를 모으고, 가능성을 타진하는 작은 움직임이므로 그 단계에서 어느 정도 결과를 예측할 수는 있다. 움직인 이상은 되돌아올 수 없다는 거창한 결심은 필요치 않다.

바로 움직이는 사람은 기회의 싹을 찾아낼 수 있다. 부지런히 움직이고 몇 가지 시도를 반복하는 사람일수록 '이것은 재미있을 것 같아.'라든지 '이것은 성공할 거야.'라는 가능성과 부딪히는 기회가 늘어난다.

움직이지 않는 사람은 움직이는 것의 위험성만 걱정하는데 실제로는 그렇지 않다. 오히려 바로 움직이는 사람 쪽이 발놀림이 빠른 만큼 되돌아올 때도 빠르다.

절대법칙16_
현상 유지는 금물

앞에서 전부 내던져 버리라고 했다. 자신이 해야 하는 여러 가지 일이나 일정이 있다고 해도 그런 것에 얽매이지 말고 정말 하고 싶은 것이 있으면 전부 내던져 버리라고 한 말은 무슨 뜻일까?

운이 강한 사람은 늘 다음 목표를 향해간다. '이것을 해내면 당분간은 안심이야.'라고 생각하지 않고 '여세를 몰아 다음 일에도 도전해 봐야지.'라고 생각한다.

운이 나쁜 사람은 반대로 한다. 자신의 일이 안정되면 지키기에 들어간다. '어느 정도 성과를 냈으니 이 일만 잘하고 있으면 큰 문제는 없겠지.'라고 생각하고 현상 유지에 집착한다. 일상적인 일에는 대부분 정해진 방식으로 편하게 일한다.

뒤로 미루는 버릇이 있는 사람도 마찬가지다. '나는 아직 할 일이 있다.'라고 생각하면 자신은 업무량도 많고 바쁘니까 직장의 중요한 인재라고 생각한다. 일이 없으면 불안하지만 늘 할 일을 안고 있으면 일단 안심이 된다.

하지만 정작 기회가 올 때는 움직이지 않는다. 구태여 위험 부담을 안고 싶지도 않고, '무리할 필요는 없어.'라고 생각하곤 한다.

이런 사고방식은 결국 자신이 할 수 있는 일, 지금 하고 있는 일을 언제까지나 붙잡고 있으려는 생각이다. 새로운 기회라든지, 정말로 하고 싶은 일이 있어도 제동을 거는 태도다. 그런 사람이 만일 이동이나 전근으로 새로운 부서 혹은 전혀 경험하지 못한 일을 받게 되면 어떻게 생각할까?

'내 일을 빼앗겼어.'라든지 '지금까지 쌓아온 것이 물거품이 되었네.'라고밖에 생각하지 않는다. 이렇게 스스로 운이 나쁘다고 운을 탓할 것이다.

절대법칙17_
기회에 뛰어드는 자세

운이 강한 사람은 바로 움직이는 것을 늘 염두에 두는데, 만일 떠안고 있는 일이 있어서 움직일 수 없을 때는 그것을 휙 내던져 버린다. 그렇다고 무책임하게 방치하는 것이 아니라, 남에게 통째로 양도한다. 물론 어떻게 해야 하는지 아는 일, 문제의 소지가 없는 일, 착실한 성과로 이어지는 일이다. 자신이 할 수 없는 일이나 상대에게 폐가 되는 일, 아무런 성과도 나지 않는 일을 양도할 수는 없다.

영업을 예로 들면, 오랫동안 안정된 거래처가 있어서 앞으로도 착실히 거래가 이루어질 것 같은 일이다. 즉, 자신의 단골이다. 그런 단골은 자신에게도 중요하므로 평소에 나름대로 시간을 투자하고 있고, 정기적인 업무량도 많을 것이다.

하지만 양도받는 사람도 힘들지 않다. 신뢰할 수 있는 후배나 눈에 띄지 않지만 성실하게 일하는 동료에게 양도하면 잘 관리해 줄 것이다. 맡겨도 안심이고 맡는 쪽도 기뻐한다.

이것으로 인하여 움직이기 쉽게 가벼워진다. 기회를 살리기 위해 원하는 만큼 움직일 수 있다. 조직에서 일하고 있는 이상 '새로운 일에 달려들면 자신의 일이 엉망이 된다.'라는 생각은 시야가 좁고, 무엇보다 현상 유지에 매달려 있을 뿐이므로 운을 잡을 수 없는 사고방식이다.

실제로 직장에서 직책이 올라간다든지, 업무의 스케일이 커진다는 것은 할 수 있는 일을 남에게 양도해야 가능해진다. 이것도 저것도 모두 내일이라고 끌어안고 잡무에 휘둘리는 타입은 아무리 시간이 지나도 계속 바쁘기 때문에 새로운 것을 할 수 없다.

'저 사람에게는 왜 기회가 오지 않는 것일까?'라는 질문은 스스로 자신이 일하는 모습과 기회에 주저 없이 뛰어드는 사람의 모습을 비교해 보면 대답이 명확해진다.

절대법칙18_
받은 공은 바로 건네주자

바로 움직이기 위해서는 중요한 것이 또 있다. 자기 자리에서 공을 멈추지 않는 것이다. 예를 들어 대부분의 일은 누군가에게서 넘겨받아 누군가에게 전달해 주어야 한다. 만일 당신이 상사로부터 "이것을 정리해서 다음 회의 때까지 기획안을 제출하게."라는 지시를 받았다면 어떻게 하겠는가?

자신이 전부 할 수 있다면 문제없지만, 시장정보 수집과 통계 부분을 혼자 할 수 없을 것 같다는 사실을 알았다면 그 부분을 팀 안에서 잘하는 사람에게 맡기는 편이 빠르다. 하물며 부서 전체의 일이라면 당신 혼자서 끌어안을 필요는 없다.

모든 것을 혼자서 하려고 하면 그만큼 시간적으로 부담을 느끼게 되고, 마음도 무거워져서 옴짝달싹 못한다. '좋아, 혼자서 전부 다 해서 상사에게 인정받아야지.'라고 생각했더라도, 작성한 서류가 불충분하면 오히려 역효과다. 원래 상사는 부하가 부탁한 일을 잘 처리해 주는 것에 관심이 있다. 과정에는 그리 신경 쓰지 않는다.

자신이 못하는 일이나 어려운 일을 남에게 맡겨 버리면 시간적으로도 정신적으로도 여유가 생긴다. 남에게 전달한 것은 맡겨두면 되므로 자신은 하고 싶은 일을 할 수 있다. 몇 개의 일을 동시에 진행해도 그 시간에 할 수 있는 일은 하나밖에 없으므로 그것에 집중하면 그만이다.

'전해야 하는데…….', '보고해야 하는데 어쩌지.' 하고 용건을 끌어안고 있는 것만으로도 일이 더 바쁜 듯한 느낌이 든다. 그럴 때도 받은 공을 바로 전달하도록 하자. 전달하고 나면 그 후로는 상대방의 공이다. 당신은 이제 가벼워졌다.

절대법칙19_
행동력의 중요성

우리는 시간을 들여 생각하고, 거기에서 나온 결론에 아무래
도 집착하게 된다. '이렇게까지 준비했으니 이제 와서 포기할
수는 없어.'라고 판단한다. 그러면 벽에 부딪치거나 마음대로
되지 않는 일이 있어도 그대로 돌진하려고 한다. '잘 안 되는
이유는 아직 노력이 부족해서야.'라는 단순한 결론을 내린다.

어떤 남성이 여성을 좋아하는 상황을 예로 들어보자. 그녀
의 호감을 사기 위해 명품 양복을 입고, 선물을 보내거나, 고
급식당에서 식사를 대접하거나 해도 상대방이 전혀 남자에게

호의를 표하지 않는 상황이다.

'아직 뭔가 부족한가?'

'이렇게 노력하는데 뭐가 불만이지?'

그렇게 생각하는 남자가 있다면 조금 가엽다. 여성에게는 따로 좋아하는 남성이 있다. 처음부터 이 남성은 여성의 취향이 아니다. 즉 상대해 주지 않는다는 얘기다. 얼른 포기하는 수밖에 없다.

바로 움직이는 남성이라면 재빨리 그것을 파악한다. 편하게 차라도 마시면서 대화를 나눠보고 '나는 전혀 상대해 주지 않네.'라고 판단하면 포기하기 때문이다. 이런 행동력의 중요함을 한 가지 더 들자면, 생각은 언제든지 할 수 있다는 사실이다.

먼저 생각하고 나서 움직이려고 한다면, 언제까지나 떠오른 생각에 집착한다. 처음부터 잘못 짚은 것일지도 모른다는 사실을 좀처럼 깨닫지 못한다. 바로 움직여도 생각은 할 수 있다. 나온 결과나 반응을 바탕으로 생각하면 된다.

그러는 편이 유연하고 자유로운 사고를 할 수 있다. 운이 강한 사람은 바로 움직이는 사람일지는 몰라도 융통성 없는 사람은 아니다.

버릴수록
행복해진다

_ 디드로 효과Diderot effect

18세기 프랑스의 철학자 드니 디드로Denis Diderot가 에세이《나
의 오래된 가운을 버림으로 인한 후회Regrets on Parting with My Old
Dressing Gown》에 수록한 일화에서 유래되었다.

　그는 친한 친구로부터 붉은 가운을 선물 받았다. 선물 받은 것을
기뻐하면서 세련된 가운을 서재에 걸어놓고 보니 서재 안의 다른 가
구들이 너무 초라해 보였다. 가구들이 가운과 어울리지 않는다고 생
각한 그는 의자, 책상 등 다른 가구들을 하나씩 가운과 어울릴만한
것들로 새로 구입했고, 결국 서재 안의 모든 가구들을 새로 들였다.

　하지만 그로 인한 지출은 그가 감당하기에는 부담스러운 비용이
었다. 그는 예전의 낡은 가운에 대해서는 철저히 자신이 주인이었는
데, 선물 받은 새 가운에 대해서는 지배를 당했다고 묘사했다.

이후 인류학자인 그랜트 맥크래켄Grant McCracken은 저서《문화와 소비Culture and Consumption》에서 제품의 통일성, 즉 디드로 통일성Diderot Unity에 대해 언급하면서 제품 간의 연관성에 따른 소비 현상에 대해 기록했다. 예를 들어 자동차, 가구, 의류와 같이 문화적, 미학적으로 연관성이 높은 제품에 대해서는 한 제품의 구매가 통일성 있는 또 다른 제품의 구매로 이어지기 쉽다는 것이다.

디드로 효과는 더 많이 얻을수록 더 만족하지 못하는 심리현상을 말한다. 인간이라면 벗어나기 어려운 심리 중 하나다. 사람들은 종종 디드로 효과의 함정에 빠진다. 근본적인 원인은 자신이 갈망하는 많은 것이 사실 쓸모없다는 것을 깨닫지 못하는 데 있다.

디드로는 우연히 가운을 얻었고, 그 가운과 더 잘 어울리는 각종 가구를 원하기 시작했다. 하지만 가운 자체에는 뒷받침해 줄 가구가 필요 없다는 사실을 인지하지 못했다. 즉 그 오래된 가구들은 그의 새 가운에 어울리지 않는 것이 아니라 이미 커지기 시작한 그의 욕망에 어울리지 않는 것이었다.

살아가면서 우리는 수많은 욕망을 갖는다. 끝없이 이어지는 욕망들은 많은 사람을 디드로 효과의 함정에서 벗어나지 못하게 한다. 어떻게 하면 우리는 디드로의 함정에서 벗어날 수 있을까? 어떻게 하면 우리는 풍요로운 부와 함께 행복한 삶을 살 수 있을까?

먼저 돈에 대해 이야기하겠다. 돈은 우리의 삶에서 없어서는 안 될 일부분이다. 하지만 돈이 삶의 목적이 되고 존재 이유가 되어버린 사람에게는 의미 있는 삶을 살아갈 기회마저 사라진다.

영국의 철학자 프랜시스 베이컨Francis Bacon이 "돈은 훌륭한 하인이지만, 나쁜 주인이기도 하다."라고 남긴 것은 바로 돈의 그런 측면을 두고 한 말이다.

생각을 바꾸어서 자신의 가능성의 한계를 넓혀보자. 언제나 우리의 인생에는 다양한 답들이 존재한다. 우리가 가진 정신작용 중에서 가장 높은 것으로, 아직도 계속 진화되고 있는 능력 가운데 하나라고 한다.

저명한 심리학자인 맥스웰 몰츠Maxwell Maltz 박사는 "우리의 뇌는 선명하게 그려진 상상과 실제 현실을 구분하지 못한다."라고 했다. 언제나 자신이 꿈꾸는 이상적인 모습을 상상하자.

스스로 꿈꾸는 이상적인 길을 걸어가자. 걷다 보면 없던 길이 만들어질 것이다. 그리고 그 길을 다른 사람들에게 알려주자. 이렇게 스스로 자신의 한계에 도전하자. 나머지는 운에게 맡기면 된다.

받은 공을 바로 전달하도록 하자. 전달하고 나면 그 후로는 상대방의 공이다. 당신은 이제 가벼워졌다.

당신은 운이 정말 좋다!
이제 스스로 원하는 행운을 만들자

프랑스 철학자 알랭Alain의 《행복론》에는 다음과 같은 구절이 나온다.

"행복이란 스스로 만드는 것이다. 그리고 자신이 스스로 만드는 행복은 절대로 그 사람을 속이거나 피하지 않는다. 스스로 행복해지기를 원하고 이를 만들어야 한다."

우리는 행복을 꿈꾼다. 그러려면 성공해야 한다고 생각한다. 실제로 성공한 사람들은 늘 자신의 운을 믿는다.

운에 대해 적을 때 곤란한 것이 있다. 예를 들면 성공한 누군가를 '저 사람은 운이 좋아.'라든지 '강한 운의 소유자'라고 하면 실례될 것 같아서다. '그것은 운이 아니라, 능력이 있어서가 아닌가? 스스로 향상시키려는 마음이 굉장히 많아서 노력을 아끼지 않았기 때문에 성공한 것이 아닌가? 단순히 운이 좋다고 치부해 버리면 당사자는 기분 상하지 않을까?' 그런 생각을 하곤 하는데 쓸데없는 걱정이다.

왜냐하면 성공한 사람들은 "나는 운이 좋았어요."라고 시원시원하게 인정하기 때문이다. 그것은 겸손일까? 그렇지 않다. 진심으로 그렇게 생각하는 사람이 많다.

세상에는 아무리 능력이 있어도 인정받지 못하는 사람이 얼마든지 있다. 아니면 자신의 재능을 제대로 끌어내지 못하는 사람, 주변의 인정을 받아도 그것만으로 만족할 수 없는 사람도 많다.

그러한 사람들은 자신에게 아직 힘이 부족하다고 생각한다. 성공한 사람과 자신을 비교해 보고 '나는 재능이 없어.'라고 포기한다. '그러니까 아무리 분발해도 결과는 뻔하다.'라고 장래에 대해서도 비관적인 견해를 가지고 있다.

하지만 정말 잘 나가는 사람이나 마음먹은 대로의 삶을 살고 있는 사람들은 시원하게 "나는 운이 좋다."라고 인정한다.

그러는 편이 앞으로도 틀림없이 좋은 인생을 살 수 있을 것이라고 믿기 때문이다. 좌절과 실패도 있을 것이고 밑바닥으로 떨어지는 일도 있을지도 모르지만 "나는 운이 좋아."라고 생각하면 틀림없이 극복하고 나아갈 수 있다고 믿을 수 있다.

즉, 제한된 세계에서밖에 통용되지 않는 능력이나 재능보다 운을 믿는 편이 훨씬 더 용기가 생긴다. 성공한 사람은 늘 자신의 운을 믿음으로써 인생을 펼쳐 나간다.

행운은 저쪽에서 찾아온다

내가 만난 사람들 중에도 운이 강한 사람이 많다. 물론 세상적으로도 인정받은 사람들이니 능력이나 재능도 타고난 것임에 틀림없지만 내가 '운이 강한 사람'이라고 불러도 결코 싫은 내색하지 않을 사람들이다. 오히려 "정말 저는 운이 좋아요."라며 웃을 것이다.

그런 사람들과 만날 때마다 늘 감동하게 되는데, 바로 그들의 압도적인 서비스 정신 때문이다. 가령 본문에서도 조금 다루었지만, 야마모토 마스히로 씨에게서 맛있는 식당을 많이 소개받았다. 만날 때마다 '이렇게 맛있는 음식이 있었군.'이라고 놀란다. 그 즐거움은 식사 약속을 했을 때부터 시작된다.

'오늘은 도대체 어떤 식당으로 안내해 줄까?'라고 생각하면 그때부터 나는 가슴이 설레기 시작한다. 더구나 아무리 기대해도 더 큰 만족감과 감동으로 돌아오곤 한다. 물론 야마모토 씨는 식도락으로 매우 유명하다. 전 세계의 맛있는 식당을 알고 있다. 나를 놀라게 하는 것쯤은 누워서 식은 죽 먹기다.

나 같으면 누구에게도 가르쳐주고 싶지 않을 법한 가게를 아낌없이 알려준다. 이러한 서비스 정신은 내가 성공한 사람들 모두에게 공통된 점이다. 만날 때는 즐거운 시간을 보내기 위해 고급 와인을 가져가거나 뜻밖의 사람을 동반하거나 온갖 서비스 정신으로 나를 대해준다.

운이 강한 사람은 그때그때를 매우 소중히 여긴다. 자신의 운을 독점하는 것이 아니라 주변 사람들과 즐겁게 보내는 것으로 그 운을 모두에게 넓히려고 한다. 그러면 언젠가는 자신에게도 돌아오는 것이 있기 때문이다. 행복을 나눠줄 수 있는 사람만이 다른 사람으로부터 행복을 받을 수 있다. 좋은 운이 언제까지나 여러 사람으로부터 모여든다.

강한 운이 긍정적인 사람에게 모여드는 이유

운이 강한 사람은 쾌활하고 명랑하며 긍정적이다. 언제 만나도 기분이 좋고 대범하다. 틀림없이 나쁜 감정을 담아두지 않도록 기분전환도 잘하는 사람일 것이다. 당신 주변을 둘러보아도 같은 현상이 일어나고 있다는 사실을 알 수 있다.

운이 좋아 보이는 사람은 역시 명랑하다. 일이 순조롭다든지 주위 사람들에게 인정받고 있다든지, 모든 일이 잘되고 있어서 명랑하다고 생각할지 모르지만, 명랑한 사람이라서 모두가 그 사람 곁에 모이고 즐거운 분위기가 조성되어 '왠지 운이 좋아질 것 같아.'라는 생각이 든다.

긍정적인 사람은 게다가 개방적이다. 상대에 따라서 태도를 바꾸거나 하지 않고 그런 사람 앞에서 누군가의 험담이다 뒷담화를 하는 사람도 없다.

그러므로 안심하고 함께 있을 수 있고, 모여드는 사람이 모두 좋은 감정으로 있다면 호의적인 인간관계가 확산된다. 행운이 모여들기 쉬워진다. 지금의 당신은 아직 자신의 운을 믿을 수 없을지도 모른다.

하지만 일부러 긍정적인 것처럼 행동할 수는 있다. 평소보다 아주 조금 미소를 늘리면 된다. 그리 거창한 일을 하지 않아도 된다. 그러면 "무슨 좋은 일이라도 있었어?"라고 물어보는 사람이 생긴다. "오, 컨디션 좋은가 본데?"라고 어깨를 두드리는 동료가 나타날지도 모른다.

지금보다 아주 조금만 당신 주변의 공기가 밝아지는, 신나는, 움직이기 시작하는 정도의 변화로도 틀림없이 달라진다. 그것이 당신에게도 행운이 시작되었다는 것이다. 좋은 운은 한번 움직이기 시작하면 점점 큰 움직임을 만들어나간다. 그 후로는 당신은 그저 자신의 운을 믿기만 하면 된다.

당신은 운이 정말 좋다, 이제 스스로 원하는 행운을 만들자!

옮긴이 황혜숙

번역이란 단순히 언어를 옮기는 것이 아니라 사고방식과 문화를 전달하는 것이라는 마음가짐으로 작업에 임하고 있다. 건국대학교 일어교육과와 오클랜드대학 언어학 석사 취득 후 현재는 시드니에 거주하고 있다. 번역 에이전시 엔터스코리아에서 출판기획 및 일본어 전문 번역가로 15년째 활동 중이다.

옮긴 책으로 《50부터는 인생관을 바꿔야 산다》《프로가 가르쳐주는 초보를 위한 NLP 입문》《세상 모든 이기주의자에게 우아하게 복수하는 법》《생산성》《처음부터 말 잘하는 사람은 없다》 등 다수가 있다.

이렇게 하니 운이 밀려들기 시작했습니다

초판 1쇄 발행	2020년 6월 30일
초판 2쇄 발행	2023년 3월 27일
지은이	와다 히데키
펴낸이	정덕식, 김재현
펴낸곳	(주)센시오
출판등록	2009년 10월 14일 제300-2009-126호
주소	서울특별시 마포구 성암로 189, 1711호
전화	02-734-0981
팩스	02-333-0081
전자우편	sensio@sensiobook.com

ISBN 979-11-90356-62-6 03190

소중한 원고를 기다립니다. sensio0981@gmail.com